Anonymous

Toine - Guy de Maupassant

Illustrations de Mesplès

Anonymous

Toine - Guy de Maupassant
Illustrations de Mesplès

ISBN/EAN: 9783337809317

Printed in Europe, USA, Canada, Australia, Japan

Cover: Foto ©ninafisch / pixelio.de

More available books at **www.hansebooks.com**

GUY DE MAUPASSANT

TOINE

TOINE

Il a été tiré de cet Ouvrage :

50 Exemplaires sur papier de Hollande, à . . . . 10 fr.
10 Exemplaires sur papier du Japon, à . . . . 15 —
Tous numérotés.

DU MÊME AUTEUR :

CONTES DU JOUR & DE LA NUIT

EAU-FORTE ET ILLUSTRATIONS DE COUSTURIER

Un volume in-18 de la *Bibliothèque illustrée*, 5 fr.

(Il reste encore quelques exemplaires sur papier de Hollande au prix de 10 fr.)

GUY DE MAUPASSANT

TOINE

Illustrations de Mesplès

PARIS
C. MARPON ET E. FLAMMARION
ÉDITEURS
26, RUE RACINE, PRÈS L'ODÉON

Tous droits réservés.

TOINE

TOINE

I

On le connaissait à dix lieues aux environs le père Toine, le gros Toine, Toine-ma-Fine, Antoine Mâcheblé, dit Brûlot, le cabaretier de Tournevent.

Il avait rendu célèbre le hameau enfoncé dans un pli du vallon qui descendait vers la mer, pauvre hameau paysan composé de dix maisons normandes entourées de fossés et d'arbres.

Elles étaient là, ces maisons, blotties dans ce ravin couvert d'herbe et d'ajonc, derrière la courbe qui avait fait nommer ce lieu Tournevent. Elles semblaient avoir cherché un abri dans ce trou comme les oiseaux qui se cachent dans les sillons les jours d'ouragan, un abri contre le grand vent de mer, le vent du large, le vent dur et salé, qui ronge et brûle comme le feu, dessèche et détruit comme les gelées d'hiver.

Mais le hameau tout entier semblait être la propriété d'Antoine Mâcheblé, dit Brûlot, qu'on appelait d'ailleurs aussi souvent Toine et Toine-ma-Fine, par suite d'une locution dont il se servait sans cesse :

— Ma Fine est la première de France.

Sa Fine, c'était son cognac, bien entendu.

Depuis vingt ans il abreuvait le pays de sa Fine et de ses Brûlots, car chaque fois qu'on lui demandait :

— Qu'est-ce que j'allons bé, pé Toine ?

Il répondait invariablement :

— Un brûlot, mon gendre, ça chauffe la tripe et ça nettoie la tête; y a rien de meilleu pour le corps.

Il avait aussi cette coutume d'appeler tout le monde « mon gendre », bien qu'il n'eût jamais eu de fille mariée ou à marier.

Ah! oui, on le connaissait Toine Brûlot, le

plus gros homme du canton, et même de l'arrondissement. Sa petite maison semblait dérisoirement trop étroite et trop basse pour le contenir, et quand on le voyait debout sur sa porte où il passait des journées entières, on se demandait comment il pourrait entrer dans sa demeure. Il y rentrait chaque fois que se présentait un consommateur, car Toine-ma-Fine était invité de droit à prélever son petit verre sur tout ce qu'on buvait chez lui.

Son café avait pour enseigne : « Au Rendez vous des Amis », et il était bien, le pé Toine, l'ami de toute la contrée. On venait de Fécamp et de Montivilliers pour le voir et pour rigoler en l'écoutant, car il aurait fait rire une pierre de tombe, ce gros homme. Il avait une manière de blaguer les gens sans les fâcher, de cligner de l'œil pour exprimer ce qu'il ne disait pas, de se taper sur la cuisse dans ses accès de gaieté qui vous tirait le rire du ventre malgré vous, à tous les coups. Et puis c'était une curiosité rien que de le regarder boire. Il buvait tant qu'on lui en offrait, et de tout, avec une joie dans son œil malin, une joie qui venait de son double plaisir, plaisir de se régaler d'abord et d'amasser des gros sous, ensuite, pour sa régalade.

Les farceurs du pays lui demandaient :

— Pourquoi que tu ne bé point la mé, pé Toine ?

Il répondait :

— Y a deux choses qui m'opposent, primo qu'a l'est salée, et deusio qu'i faudrait la mettre en bouteille, vu que mon abdomin n'est point pliable pour bé à c'te tasse-là !

Et puis il fallait l'entendre se quereller avec sa femme ! C'était une telle comédie qu'on aurait payé sa place de bon cœur. Depuis trente ans qu'ils étaient mariés, ils se chamaillaient tous les jours. Seulement Toine rigolait, tandis que sa bourgeoise se fâchait. C'était une grande paysanne, marchant à longs pas d'échassier, et portant sur un corps maigre et plat une tête de chat-huant en colère. Elle passait son temps à élever des poules dans une petite cour, derrière le cabaret, et elle était renommée pour la façon dont elle savait engraisser les volailles.

Quand on donnait un repas à Fécamp chez les gens de la haute, il fallait, pour que le dîner fût goûté, qu'on y mangeât une pensionnaire de la mé Toine.

Mais elle était née de mauvaise humeur et elle avait continué à être mécontente de tout. Fâchée contre le monde entier, elle en voulait principalement à son mari. Elle lui en voulait de sa gaieté, de sa renommée, de sa santé et de son embonpoint. Elle le traitait de propre à rien, parce qu'il gagnait de l'argent sans rien faire, de sapas, parce qu'il mangeait et buvait comme dix hommes ordinaires, et il ne se passait point de jour sans qu'elle déclarât d'un air exaspéré :

— Ça serait-il point mieux dans l'étable à cochons nu quétou comme ça? C'est que d'la graisse que ça en fait mal au cœur.

Et elle lui criait dans la figure :

— Espère, espère un brin; j'verrons c'qu'arrivera, j'verrons ben! Ça crèvera comme un sac à grain, ce gros bouffi !

Toine riait de tout son cœur en se tapant sur le ventre et répondait :

— Eh! la mé Poule, ma planche, tâche d'engraisser comme ça d'la volaille. Tâche pour voir.

Et relevant sa manche sur son bras énorme :
— En v'là un aileron, la mé, en v'là un.

Et les consommateurs tapaient du poing sur les tables en se tordant de joie, tapaient du pied sur la terre du sol, et crachaient par terre dans un délire de gaieté.

La vieille furieuse reprenait :
— Espère un brin... espère un brin... j'verrons c'qu'arrivera... ça crèvera comme un sac à grain...

Et elle s'en allait furieuse, sous les rires des buveurs.

Toine, en effet, était surprenant à voir, tant il était devenu épais et gros, rouge et soufflant. C'était un de ces êtres énormes sur qui la mort semble s'amuser, avec des ruses, des gaietés et des perfidies bouffonnes, rendant irrésistiblement comique son travail lent de destruction. Au lieu de se montrer comme elle fait chez les autres, la gueuse, de se montrer dans les cheveux blancs, dans la maigreur, dans les rides, dans l'affaissement croissant qui fait dire avec un frisson : « Bigre ! comme il a changé ! » elle prenait plaisir à l'engraisser, celui-là, à le faire monstrueux et drôle, à l'enluminer de rouge et de bleu, à le souffler, à lui donner l'apparence d'une santé surhumaine; et les déformations qu'elle inflige à tous les êtres devenaient chez lui risibles, cocasses, divertissantes, au lieu d'être sinistres et pitoyables.

— Espère un brin, espère un brin, répétait la mère Toine, j'verrons ce qu'arrivera.

II

Il arriva que Toine eut une attaque et tomba paralysé. On coucha ce colosse dans la petite chambre derrière la cloison du café, afin qu'il pût entendre ce qu'on disait à côté, et causer avec les amis, car sa tête était demeurée libre, tandis que son corps, un corps énorme, impossible à remuer, à soulever, restait frappé d'immobilité. On espérait, dans les premiers temps, que ses grosses jambes reprendraient quelque énergie, mais cet espoir disparut bientôt, et Toine-ma-Fine passa ses jours et ses nuits dans son lit qu'on ne retapait qu'une fois par semaine, avec le secours de quatre voisins qui enlevaient le cabaretier par les quatre membres pendant qu'on retournait sa paillasse.

Il demeurait gai pourtant, mais d'une gaieté différente, plus timide, plus humble, avec des craintes de petit enfant devant sa femme qui piaillait toute la journée :

— Le v'la, le gros sapas, le v'la, le propre à rien, le faigniant, ce gros soulot ! C'est du propre, c'est du propre !

Il ne répondait plus. Il clignait seulement de l'œil derrière le dos de la vieille et il se retournait sur sa couche, seul mouvement qui lui demeurât possible. Il appelait cet exercice faire un « va-t-au nord », ou un « va-t-au sud. »

Sa grande distraction maintenant c'était d'écouter les conversations du café, et de dialoguer à travers le mur quand il reconnaissait les voix des amis, il criait :

— Hé, mon gendre, c'est té Célestin ? »

Et Célestin Maloisel répondait :

— C'est mé, pé Toine. C'est-il que tu regalopes, gros lapin ?

Toine-ma-Fine prononçait :

— Pour galoper, point encore. Mais je n'ai point maigri, l'coffre est bon.

Bientôt, il fit venir les plus intimes dans sa chambre et on lui tenait compagnie, bien qu'il se désolât de voir qu'on buvait sans lui. Il répétait :

— C'est ça qui me fait deuil, mon gendre, de n'pu goûter d'ma fine, nom d'un nom. L'reste, j'm'en gargarise, mais de ne point bé me ça fait deuil.

Et la tête de chat-huant de la mère Toine apparaissait dans la fenêtre. Elle criait :

— Guètez-le, guètez-le, à c't'heure ce gros faigniant, qu'y faut nourrir, qu'i faut laver, qu'i faut nettoyer comme un porc.

Et quand la vieille avait disparu, un coq aux plumes rouges sautait parfois sur la fenêtre, regardait d'un œil rond et curieux dans la chambre, puis poussait son cri sonore. Et parfois aussi, une ou deux poules volaient jusqu'aux pieds du lit, cherchant des miettes sur le sol.

Les amis de Toine-ma-Fine désertèrent bientôt la salle du café, pour venir, chaque après-midi, faire la causette autour du lit du gros homme. Tout couché qu'il était, ce farceur de Toine, il les amusait encore. Il aurait fait rire le diable, ce malin-là. Ils étaient trois qui reparaissaient tous les jours : Célestin Maloisel, un grand maigre, un peu tordu comme un tronc de pommier, Prosper Horslaville, un petit sec avec un nez de furet, malicieux, fûté comme un renard, et Césaire Paumelle, qui ne parlait jamais, mais qui s'amusait tout de même.

On apportait une planche de la cour, on la posait au bord du lit et on jouait aux dominos pardi, et on faisait de rudes parties, depuis deux heures jusqu'à six.

Mais la mère Toine devint bientôt insupportable. Elle ne pouvait point tolérer que son gros faignant d'homme continuât à se distraire, en jouant aux dominos dans son lit; et chaque fois qu'elle voyait une partie commencée, elle s'élançait avec fureur, culbutait la planche, saisissait le jeu, le rapportait dans le café et déclarait que c'était assez de nourrir ce gros suiffeux à ne rien faire sans le voir encore se divertir comme pour narguer le pauvre monde qui travaillait toute la journée.

Célestin Maloiselle et Césaire Paumelle courbaient la tête, mais Prosper Horslaville excitait la vieille, s'amusait de ses colères.

La voyant un jour plus exaspérée que de coutume, il lui dit :

— Hé! la mé, savez-vous c'que j'f'rais, mé, si j'étais de vous ?

Elle attendit qu'il s'expliquât, fixant sur lui son œil de chouette.

Il reprit :

— Il est chaud comme un four, vot' homme, qui n'sort point d'son lit. Eh ben, mé, j'li f'rais couver des œufs.

Elle demeura stupéfaite, pensant qu'on se moquait d'elle, considérant la figure mince et rusée du paysan qui continua :

— J'y en mettrais cinq sous un bras, cinq sous l'autre, l'même jour que je donnerais la couvée à une poule. Ça naitrait d'même. Quand ils seraient éclos j'porterais à vot' poule les poussins de vot' homme pour qu'a les élève. Ça vous en f'rait d'la volaille, la mé !

La vieille interdite demanda :

— Ça se peut-il ?

L'homme reprit :

— Si ça s'peut? Pourqué que ça n'se pourrait point? Pisqu'on fait ben couver d's œufs dans une boite chaude, on peut ben en mett' couver dans un lit.

Elle fut frappée par ce raisonnement et s'en alla, songeuse et calmée.

Huit jours plus tard elle entra dans la chambre de Toine avec son tablier plein d'œufs. Et elle dit :

— J'viens d'mett' la jaune au nid avec dix œufs. En v'la dix pour té. Tâche de n'point les casser.

Toine éperdu, demanda :

— Qué que tu veux?

Elle répondit :

— J'veux qu'tu les couves, propre à rien.

Il rit d'abord ; puis, comme elle insistait, il se fâcha, il résista, il refusa résolument de laisser mettre sous ses gros bras cette graine de volaille que sa chaleur ferait éclore.

Mais la vieille, furieuse, déclara :

— Tu n'auras point d'fricot tant que tu n'les prendras point. J'verrons ben c'qu'arrivera.

Toine, inquiet, ne répondit rien.

Quand il entendit sonner midi, il appela :

— Hé ! la mé, la soupe est-il cuite ?

La vieille cria de sa cuisine :

— Y a point de soupe pour té, gros faignant.

Il crut qu'elle plaisantait et attendit, puis il pria, supplia, jura, fit des « va-t-au nord et des va-t-au sud » désespérés, tapa la muraille à coups de poing, mais il dut se résigner à laisser introduire dans sa couche cinq œufs contre son flanc gauche. Après quoi il eut sa soupe.

Quand ses amis arrivèrent, ils le crurent tout à fait mal, tant il paraissait drôle et gêné.

Puis on fit la partie de tous les jours. Mais Toine semblait n'y prendre aucun plaisir et n'avançait la main qu'avec des lenteurs et des précautions infinies.

— T'as donc l'bras noué, demandait Horslaville.

Toine répondit :

— J'ai quasiment t'une lourdeur dans l'épaule.

Soudain, on entendit entrer dans le café. Les joueurs se turent.

C'était le maire avec l'adjoint. Ils demandèrent deux verres de fine et se mirent à causer des affaires du pays. Comme ils parlaient à voix basse, Toine Brûlot voulut coller son oreille contre le mur, et, oubliant ses œufs, il fit un brusque « va-t-au nord » qui le coucha sur une omelette.

Au juron qu'il poussa, la mère Toine accourut, et devinant le désastre, le découvrit d'une secousse. Elle demeura d'abord immobile, indignée, trop suffoquée pour parler devant le cataplasme jaune collé sur le flanc de son homme.

Puis, frémissant de fureur, elle se rua sur le paralytique et se mit à lui taper de grands coups sur le ventre, comme lorsqu'elle lavait son linge au bord de la mare. Ses mains tombaient l'une après l'autre avec un bruit sourd, rapides comme les pattes d'un lapin qui bat du tambour.

Les trois amis de Toine riaient à suffoquer, toussant, éternuant, poussant des cris, et le gros homme effaré parait les attaques de sa femme avec prudence, pour ne point casser encore les cinq œufs qu'il avait de l'autre côté.

III

Toine fut vaincu. Il dut couver, il dut renoncer aux parties de domino, renoncer à tout mouvement, car la vieille le privait de nourriture avec férocité chaque fois qu'il cassait un œuf.

Il demeurait sur le dos, l'œil au plafond, immobile, les bras soulevés comme des ailes, échauffant contre lui les germes de volailles enfermés dans les coques blanches.

Il ne parlait plus qu'à voix basse comme s'il eût craint le bruit autant que le mouvement, et il s'inquiétait de la couveuse jaune qui accomplissait dans le poulailler la même besogne que lui.

Il demandait à sa femme :

— La jaune a-t-elle mangé anuit ?

Et la vieille allait de ses poules à son

homme et de son homme à ses poules, obsédée, possédée par la préoccupation des petits poulets qui mûrissaient dans le lit et dans le nid.

Les gens du pays qui savaient l'histoire s'en venaient, curieux et sérieux, prendre des nouvelles de Toine. Ils entraient à pas légers comme on entre chez les malades et demandaient avec intérêt :

— Eh bien ! ça va-t-il ?

Toine répondait :

— Pour aller, ça va, mais j'ai maujeure tant que ça m'échauffe. J'ai des fremis qui me galopent sur la peau.

Or, un matin, sa femme entra très émue et déclara :

— La jaune en a sept. Y avait trois œufs de mauvais.

Toine sentit battre son cœur. — Combien en aurait-il, lui?

Il demanda :

— Ce sera tantôt? — avec une angoisse de femme qui va devenir mère.

La vieille répondit d'un air furieux, torturée par la crainte d'un insuccès :

— Faut croire !

Ils attendirent. Les amis prévenus que les temps étaient proches arrivèrent bientôt inquiets eux-mêmes.

On en jasait dans les maisons. On allait s'informer aux portes voisines.

Vers trois heures, Toine s'assoupit. Il dormait maintenant la moitié des jours. Il fut réveillé soudain par un chatouillement inusité sous le bras droit. Il y porta aussitôt la main gauche et saisit une bête couverte de duvet jaune, qui remuait dans ses doigts.

Son émotion fut telle, qu'il se mit à pousser des cris, et il lâcha le poussin qui courut sur sa poitrine. Le café était plein de monde. Les buveurs se précipitèrent, envahirent la chambre, firent cercle comme autour d'un saltimbanque, et la vieille étant arrivée cueillit avec précaution la bestiole blottie sous la barbe de son mari.

Personne ne parlait plus. C'était par un jour chaud d'avril. On entendait par la fenêtre ouverte glousser la poule jaune appelant ses nouveau-nés.

Toine, qui suait d'émotion, d'angoisse, d'inquiétude, murmura :

— J'en ai encore un sous le bras gauche, à c't'heure.

Sa femme plongea dans le lit sa grande main maigre, et ramena un second poussin, avec des mouvements soigneux de sage-femme.

Les voisins voulurent le voir. On se le repassa, en le considérant attentivement comme s'il eût été un phénomène.

Pendant vingt minutes, il n'en naquit pas, puis quatre sortirent en même temps de leurs coquilles.

Ce fut une grande rumeur parmi les assistants. Et Toine sourit, content de son succès, commençant à s'enorgueillir de cette paternité singulière. On n'en avait pas souvent vu comme lui, tout de même! C'était un drôle d'homme, vraiment!

Il déclara :

— Ça fait six. Nom de nom qué baptême!

Et un grand rire s'éleva dans le public. D'autres personnes emplissaient le café.

D'autres encore attendaient devant la porte.
On se demandait :
— Combien qu'i en a ?
— Y en a six.

La mère Toine portait à la poule cette famille nouvelle, et la poule gloussait éperdument, hérissait ses plumes, ouvrait les ailes toutes grandes pour abriter la troupe grossissante de ses petits.

— En v'la encore un ! cria Toine.

Il s'était trompé, il y en avait trois ! Ce fut un triomphe ! Le dernier creva son enveloppe à sept heures du soir. Tous les œufs étaient bons ! Et Toine, affolé de joie, délivré, glorieux, baisa sur le dos le frêle animal, faillit l'étouffer avec ses lèvres. Il voulut le garder dans son lit, celui-là, jusqu'au lendemain, saisi par une tendresse de mère pour cet être si petiot qu'il avait donné à la vie ; mais la vieille l'emporta comme les autres sans écouter les supplications de son homme.

Les assistants, ravis, s'en allèrent en devisant de l'événement, et Horslaville resté le dernier, demanda :

— Dis donc, pé Toine, tu m'invites à fricasser l'premier, pas vrai?

A cette idée de fricassée, le visage de Toine s'illumina, et le gros homme répondit :

— Pour sûr que je t'invite, mon gendre.

L'AMI PATIENCE

L'AMI

PATIENCE

— Sais-tu ce qu'est devenu Leremy ?
— Il est capitaine au 6ᵉ dragons.
— Et Pinson ?
— Sous-préfet.
— Et Racollet ?
— Mort.
Nous cherchions d'autres noms qui nous

rappelaient des figures jeunes coiffées du képi à galons d'or. Nous avions retrouvé plus tard quelques-uns de ces camarades barbus, chauves, mariés, pères de plusieurs enfants ; et ces rencontres avec ces changements nous avaient donné des frissons désagréables, nous montrant comme la vie est courte, comme tout passe, comme tout change.

Mon ami demanda :

— Et Patience, le gros Patience ?

Je poussai une sorte de hurlement :

— Oh! quant à celui-là, écoute un peu. J'étais, voici quatre ou cinq ans, en tournée d'inspection à Limoges, attendant l'heure du dîner. Assis devant le grand café de la place du Théâtre, je m'ennuyais ferme. Les commerçants s'en venaient, à deux, trois ou quatre, prendre l'absinthe ou le vermouth, parlaient tout haut de leurs affaires et de celles des autres, riaient violemment ou baissaient le ton pour se communiquer des choses importantes et délicates.

Je me disais : « Que vais-je faire après dîner. » Et je songeais à la longue soirée dans cette ville de province, à la promenade lente et sinistre à travers les rues inconnues, à la tristesse accablante qui se dégage, pour le voyageur solitaire, de ces gens qui passent et qui vous sont étrangers en tout, par tout, par la forme du veston provincial, du chapeau et de la culotte, par les habitudes et l'accent local, tristesse pénétrante venue aussi des maisons, des boutiques, des voitures aux formes singulières, des bruits ordinaires auxquels on n'est point accoutumé, tristesse harcelante qui vous fait presser peu à peu le pas comme si on était perdu dans un pays dangereux qui vous oppresse, vous fait désirer l'hôtel, le hideux hôtel dont la chambre a conservé mille odeurs suspectes, dont le lit fait hésiter, dont la cuvette garde un cheveu collé dans la poussière du fond.

 Je songeais à tout cela en regardant allumer le gaz, sentant ma détresse d'isolé accrue par la tombée des ombres. Que vais-je faire après dîner? J'étais seul, tout seul, perdu lamentablement.

 Un gros homme vint s'asseoir à la table voisine, et il commanda d'une voix formidable :

— Garçon, mon bitter !

Le *mon* sonna dans la phrase comme un coup de canon. Je compris aussitôt que tout était à lui, bien à lui, dans l'existence, et pas à un autre, qu'il avait son caractère, nom d'un nom, son appétit, son pantalon, *son* n'importe quoi d'une façon propre, absolue, plus complète que n'importe qui. Puis il regarda autour de lui d'un air satisfait. On lui apporta son bitter, et il appela :

— Mon journal !

Je me demandais : « Quel peut bien être son journal ? » Le titre, certes, allait me révéler son opinion, ses théories, ses principes, ses marottes, ses naïvetés.

Le garçon apporta « le *Temps* ». Je fus surpris. Pourquoi le *Temps*, journal grave, gris, doctrinaire, pondéré. Je pensai :

— C'est donc un homme sage, de mœurs sérieuses, d'habitudes régulières, un bon bourgeois, enfin.

Il posa sur son nez des lunettes d'or, se renversa et avant de commencer à lire, il jeta de nouveau un regard circulaire. Il m'aperçut et se mit aussitôt à me considérer d'une façon insistante et gênante. J'allais même lui demander la raison de cette attention, quand il me cria de sa place :

— Nom d'une pipe, c'est bien Gontran Lardois.

Je répondis :

— Oui, monsieur, vous ne vous trompez pas.

Alors il se leva brusquement, et s'en vint, les mains tendues :

— Ah ! mon vieux, comment vas-tu ?

Je demeurais fort gêné, ne le reconnaissant pas du tout. Je balbutiai :

— Mais... très bien... et... vous ?

Il se mit à rire :

— Je parie que tu ne me reconnais pas ?

— Non, pas tout à fait... Il me semble... cependant.

Il me tapa sur l'épaule :

— Allons, pas de blague. Je suis Patience, Robert Patience, ton copain, ton camarade.

Je le reconnus. Oui, Robert Patience, mon camarade de collège. C'était cela. Je serrai la main qu'il me tendait :

— Et toi, tu vas bien ?

— Moi, comme un charme.

Son sourire chantait le triomphe.

Il demanda :

— Qu'est-ce que tu viens faire ici ?

J'expliquai que j'étais inspecteur des finances en tournée.

Il reprit, montrant ma décoration :

— Alors, tu as réussi ?

Je répondis :

— Oui, pas mal, et toi ?

— Oh ! moi, très bien !

— Qu'est-ce que tu fais ?

— Je suis dans les affaires.

— Tu gagnes de l'argent ?

— Beaucoup, je suis très riche. Mais, viens donc me demander à déjeuner, demain matin, midi, 17, rue du Coq-qui-Chante ; tu verras mon installation.

Il parut hésiter une seconde, puis reprit :

— Tu es toujours le bon zig d'autrefois ?

— Mais... je l'espère !

— Pas marié, n'est-ce pas ?

— Non.

— Tant mieux. Et tu aimes toujours la joie et les pommes de terre ?

Je commençais à le trouver déplorablement commun. Je répondis néanmoins :

— Mais oui.

— Et les belles filles ?

— Quant à ça, oui.

Il se mit à rire d'un bon rire satisfait :

— Tant mieux, tant mieux. Te rappelles-tu notre première farce à Bordeaux, quand nous avons été souper à l'estaminet Roupie. Hein, quelle noce ?

Je me rappelais, en effet, cette noce ; et ce souvenir m'égaya. D'autres faits me revinrent à la mémoire, d'autres encore, nous disions :

— Dis donc, et cette fois où nous avons enfermé le pion dans la cave du père Latoque ?

Et il riait, tapait du poing sur la table, reprenait :

— Oui... oui... oui..., et te rappelles-tu la gueule du professeur de géographie, M. Marin, quand nous avons fait partir un pétard dans la mappemonde au moment où il pérorait sur les principaux volcans du globe.

Mais, brusquement, je lui demandai :

— Et toi, es-tu marié ?

Il cria :

— Depuis dix ans, mon cher, et j'ai quatre enfants, des mioches étonnants. Mais tu les verras avec la mère.

Nous parlions fort; les voisins se retournaient pour nous considérer avec étonnement.

Tout à coup, mon ami regarda l'heure à sa montre, un chronomètre gros comme une citrouille, et il cria :

— Tonnerre, c'est embêtant, mais il faut que je te quitte; le soir, je ne suis pas libre.

Il se leva, me prit les deux mains, les secoua comme s'il voulait m'arracher les bras et prononça :

— A demain, midi, c'est entendu !

— C'est entendu.

Je passai la matinée à travailler chez le trésorier-payeur général. Il voulait me retenir à déjeuner, mais j'annonçai que j'avais rendez-vous chez un ami. Devant sortir, il m'accompagna.

Je lui demandai :

— Savez-vous où est la rue du Coq-qui-Chante?

Il répondit :

— Oui, c'est à cinq minutes d'ici. Comme je n'ai rien à faire. Je vais vous conduire.

Et nous nous mîmes en route.

J'atteignis bientôt la rue cherchée. Elle était grande, assez belle, sur la limite de la ville et des champs. Je regardais les maisons et j'aperçus le 17. C'était une sorte d'hôtel avec un jardin derrière. La façade ornée de fresques à la mode italienne me parut de mauvais goût. On voyait des déesses penchant des urnes, d'autres dont un nuage cachait les beautés secrètes. Deux amours de pierre tenaient le numéro.

Je dis au trésorier-payeur général :

— C'est ici que je vais.

Et je tendis la main pour le quitter. Il fit un geste brusque et singulier, mais ne dit rien et serra la main que je lui présentais.

Je sonnai. Une bonne apparut. Je demandai :

— Monsieur Patience, s'il vous plaît.

Elle répondit :

— C'est ici, monsieur... C'est à lui-même que vous désirez parler?

— Mais, oui.

Le vestibule était également orné de peintures dues au pinceau de quelque artiste du lieu. Des Paul et des Virginie s'embrassaient sous des palmiers noyés dans une lumière rose. Une lanterne orientale et hideuse pendait au plafond. Plusieurs portes étaient masquées par des tentures éclatantes.

Mais ce qui me frappait surtout, c'était l'odeur. Une odeur écœurante et parfumée, rappelant la poudre de riz et la moisissure des caves. Une odeur indéfinissable dans une atmosphère lourde, accablante comme celle des étuves où l'on pétrit des corps humains. Je montai, derrière la bonne, un escalier de marbre que couvrait un tapis de genre oriental, et on m'introduisit dans un somptueux salon.

Resté seul, je regardai autour de moi.

La pièce était richement meublée, mais avec une prétention de parvenu polisson. Des gravures du siècle dernier, assez belles d'ailleurs, représentaient des femmes à haute coiffure poudrée, à moitié nues, surprises par des messieurs galants en des postures intéressantes. Une autre dame couchée en un grand lit ravagé batifolait du pied avec un petit chien noyé dans les draps; une autre résistait avec complaisance à son amant dont la main fuyait sous les jupes. Un dessin montrait quatre pieds dont les corps se devinaient cachés derrière un rideau. La vaste pièce, entourée de divans moelleux, était toute entière imprégnée de cette odeur énervante et fade qui m'avait déjà saisi. Quelque chose de suspect se dégageait des murs, des étoffes, du luxe exagéré, de tout.

Je m'approchai de la fenêtre pour regarder le jardin dont j'apercevais les arbres. Il était fort grand, ombragé, superbe. Un large chemin contournait un gazon où s'égrenait dans l'air un jet d'eau, entrait sous des massifs, en ressortait plus loin. Et tout à coup, là-bas, tout au fond, entre deux taillis d'arbustes, trois femmes apparurent. Elles marchaient lentement, se tenant par le bras, vêtues de longs peignoirs blancs ennuagés de dentelles. Deux étaient blondes, et l'autre brune. Elles rentrèrent aussitôt sous les arbres. Je demeurai saisi, ravi, devant cette courte et charmante apparition qui fit surgir en moi tout un monde poétique. Elles s'étaient montrées à peine, dans le jour qu'il fallait, dans ce cadre de feuilles, dans ce fond de parc secret et délicieux. J'avais revu, d'un seul coup, les belles dames de l'autre siècle errant sous les charmilles, ces belles dames dont les gravures galantes des murs rappelaient les légères amours. Et je pensais au temps heureux, fleuri, spirituel et tendre où les mœurs étaient si douces et les lèvres si faciles...

Une grosse voix me fit bondir sur place. Patience était entré, et, radieux, me tendit les mains.

Il me regarda au fond des yeux de l'air sournois qu'on prend pour les confidences amoureuses, et, d'un geste large et circulaire, d'un geste de Napoléon, il me montra son salon somptueux, son parc, les trois femmes qui repassaient au fond, puis, d'une voix triomphante où chantait l'orgueil :

— Et dire que j'ai commencé avec rien... ma femme et ma belle-sœur.

LA DOT

LA DOT

PERSONNE ne s'étonna du mariage de maître Simon Lebrument avec M{^{lle}} Jeanne Cordier. Maître Lebrument venait d'acheter l'étude de notaire de maître Papillon ; il fallait, bien entendu, de l'argent pour la payer ; et M{^{lle}} Jeanne Cordier avait trois cent mille francs liquides, en billets de banque et en titres au porteur.

Maître Lebrument était un beau garçon, qui avait du chic, un chic notaire, un chic province, mais enfin du chic, ce qui était rare à Boutigny-le-Rebours.

M{ll\e} Cordier avait de la grâce et de la fraîcheur, de la grâce un peu gauche et de la fraicheur un peu fagotée; mais c'était, en somme, une belle fille, désirable et fêtable.

La cérémonie d'épousailles mit tout Boutigny sens dessus dessous.

On admira fort les mariés, qui rentrèrent cacher leur bonheur au domicile conjugal, ayant résolu de faire tout simplement un petit voyage à Paris après quelques jours de tête-à-tête.

Il fut charmant ce tête-à-tête, maître Lebrument ayant su apporter dans ses premiers rapports avec sa femme une adresse, une délicatesse et un à-propos remarquables. Il avait pris pour devise : « Tout vient à point à qui sait attendre. » Il sut être en même temps patient et énergique. Le succès fut rapide et complet.

Au bout de quatre jours, Mme Lebrument adorait son mari. Elle ne pouvait plus se passer de lui, il fallait qu'elle l'eût tout le jour près d'elle pour le caresser, l'embrasser, lui tripoter les mains, la barbe, le nez, etc.

Elle s'asseyait sur ses genoux, et, le prenant par les oreilles, elle disait : « Ouvre la bouche et ferme les yeux. » Il ouvrait la bouche avec confiance, fermait les yeux à moitié, et il recevait un bon baiser bien tendre, bien long, qui lui faisait passer de grands frissons dans le dos. Et à son tour il n'avait pas assez de caresses, pas assez de lèvres, pas assez de mains, pas assez de toute sa personne pour fêter sa femme du matin au soir et du soir au matin.

Une fois la première semaine écoulée, il dit à sa jeune compagne :

— Si tu veux, nous partirons pour Paris mardi prochain. Nous ferons comme les amoureux qui ne sont pas mariés, nous irons dans les restaurants, au théâtre, dans les cafés-concerts, partout, partout.

Elle sautait de joie.

— Oh! oui, oh! oui, allons-y le plus tôt possible.

Il reprit :

— Et puis, comme il ne faut rien oublier, préviens ton père de tenir ta dot toute prête ; je l'emporterai avec nous et je payerai par la même occasion maître Papillon.

Elle prononça :

— Je le lui dirai demain matin.

Et il la saisit dans ses bras pour recommencer ce petit jeu de tendresse qu'elle aimait tant, depuis huit jours.

Le mardi suivant, le beau-père et la belle-mère accompagnèrent à la gare leur fille et leur gendre qui partaient pour la capitale.

Le beau-père disait :

— Je vous jure que c'est imprudent d'emporter tant d'argent dans votre portefeuille.

Et le jeune notaire souriait.

— Ne vous inquiétez de rien, beau-papa, j'ai l'habitude de ces choses-là. Vous comprenez que, dans ma profession, il m'arrive quelquefois d'avoir près d'un million sur moi. De cette façon, au moins, nous évitons un tas de formalités et un tas de retards. Ne vous inquiétez de rien.

L'employé criait :

— Les voyageurs pour Paris en voiture !

Ils se précipitèrent dans un wagon où se trouvaient deux vieilles dames.

Lebrument murmura à l'oreille de sa femme :

— C'est ennuyeux, je ne pourrai pas fumer.

Elle répondit tout bas :

— Moi aussi, ça m'ennuie bien, mais ça n'est pas à cause de ton cigare.

Le train siffla et partit. Le trajet dura une heure, pendant laquelle ils ne dirent pas grand'chose, car les deux vieilles femmes ne dormaient point.

Dès qu'ils furent dans la cour de la gare Saint-Lazare, maître Lebrument dit à sa femme :

— Si tu veux, ma chérie, nous allons d'abord déjeuner au boulevard, puis nous reviendrons tranquillement chercher notre malle pour la porter à l'hôtel.

Elle y consentit tout de suite :

— Oh oui, allons déjeuner au restaurant. Est-ce loin ?

Il reprit :

— Oui, un peu loin, mais nous allons prendre l'omnibus.

Elle s'étonna :

— Pourquoi ne prenons-nous pas un fiacre?

Il se mit à la gronder en souriant :

— C'est comme ça que tu es économe, un fiacre pour cinq minutes de route, six sous par minute, tu ne te priverais de rien.

— C'est vrai, dit-elle, un peu confuse.

Un gros omnibus passait, au trot des trois chevaux. Lebrument cria :

— Conducteur! eh! conducteur!

La lourde voiture s'arrêta. Et le jeune notaire, poussant sa femme, lui dit, très vite :

— Monte dans l'intérieur, moi je grimpe dessus pour fumer au moins une cigarette avant mon déjeuner.

Elle n'eut pas le temps de répondre; le conducteur, qui l'avait saisie par le bras pour l'aider à escalader le marchepied, la précipita dans sa voiture, et elle tomba, effarée, sur une banquette, regardant avec stupeur, par la vitre de derrière, les pieds de son mari qui grimpait sur l'impériale.

Et elle demeura immobile entre un gros

monsieur qui sentait la pipe et une vieille
femme qui sentait le chien.

Tous les autres voyageurs, alignés et muets.
— un garçon épicier, une ouvrière, un sergent d'infanterie, un monsieur à lunettes
d'or coiffé d'un chapeau de soie aux bords
énormes et relevés comme des gouttières.
deux dames à l'air important et grincheux,
qui semblaient dire par leur attitude : — Nous
sommes ici, mais nous valons mieux que ça,
— deux bonnes sœurs, une fille en cheveux
et un croque-mort, — avaient l'air d'une collection de caricatures, d'un musée des grotesques, d'une série de charges de la face
humaine, semblables à ces rangées de pantins comiques qu'on abat, dans les foires,
avec des balles.

Les cahots de la voiture ballottaient un peu
leurs têtes, les secouaient, faisaient trembloter
la peau flasque des joues; et, la trépidation
des roues les abrutissant, ils semblaient idiots
et endormis.

La jeune femme demeurait inerte :

— Pourquoi n'est-il pas venu avec moi ? se
disait-elle. Une tristesse vague l'oppressait. Il

aurait bien pu, vraiment, se priver de cette cigarette.

Les bonnes sœurs firent signe d'arrêter, puis elles sortirent l'une devant l'autre, répandant une odeur fade de vieille jupe.

On repartit, puis on s'arrêta de nouveau. Et une cuisinière monta, rouge, essoufflée. Elle s'assit et posa sur ses genoux son panier aux provisions. Une forte senteur d'eau de vaisselle se répandit dans l'omnibus.

— C'est plus loin que je n'aurais cru, pensait Jeanne.

Le croque-mort s'en alla et fut remplacé par un cocher qui fleurait l'écurie. La fille en cheveux eut pour successeur un commissionnaire dont les pieds exhalaient le parfum de ses courses.

La notairesse se sentait mal à l'aise, écœurée, prête à pleurer sans savoir pourquoi.

D'autres personnes descendirent, d'autres montèrent. L'omnibus allait toujours par les interminables rues, s'arrêtait aux stations, se remettait en route.

— Comme c'est loin! se disait Jeanne. Pourvu qu'il n'ait pas eu une distraction, qu'il ne soit pas endormi! Il s'est bien fatigué depuis quelques jours.

Peu à peu tous les voyageurs s'en allaient. Elle resta seule, toute seule. Le conducteur cria :

— Vaugirard !

Comme elle ne bougeait point, il répéta :

— Vaugirard !

Elle le regarda, comprenant que ce mot s'adressait à elle, puisqu'elle n'avait plus de voisins. L'homme dit, pour la troisième fois :

— Vaugirard !

Alors elle demanda :

— Où sommes-nous ?

Il répondit d'un ton bourru :

— Nous sommes à Vaugirard, parbleu, voilà vingt fois que je le crie.

— Est-ce loin du boulevard ? dit-elle.

— Quel boulevard ?

— Mais le boulevard des Italiens.

— Il y a beau temps qu'il est passé !

— Ah ! Voulez-vous bien prévenir mon mari ?

— Votre mari ? Où ça ?

— Mais sur l'impériale.

— Sur l'impériale ! v'la longtemps qu'il n'y a plus personne.
Elle eut un geste de terreur.
— Comment ça? Ce n'est pas possible. Il est monté avec moi. Regardez-bien ; il doit y être !
Le conducteur devenait grossier :
— Allons, la p'tite, assez causé, un homme de perdu, dix de retrouvés. Décanillez, c'est fini. Vous en trouverez un autre dans la rue.
Des larmes lui montaient aux yeux, elle insista :
— Mais, monsieur, vous vous trompez, je vous assure que vous vous trompez. Il avait un gros portefeuille sous le bras.
L'employé se mit à rire :
— Un gros portefeuille. Ah ! oui, il est descendu à la Madeleine. C'est égal, il vous a bien lâchée, ah ! ah ! ah !...
La voiture s'était arrêtée. Elle en sortit, et regarda, malgré elle, d'un mouvement instinctif de l'œil, sur le toit de l'omnibus. Il était totalement désert.

Alors elle se mit à pleurer et tout haut, sans songer qu'on l'écoutait et qu'on la regardait, elle prononça :

— Qu'est-ce que je vais devenir ?

L'inspecteur du bureau s'approcha :

— Qu'y a-t-il ?

Le conducteur répondit d'un ton goguenard :

— C'est une dame que son époux a lâchée en route.

L'autre reprit :

— Bon, ce n'est rien, occupez-vous de votre service.

Et il tourna les talons.

Alors, elle se mit à marcher devant elle, trop effarée, trop affolée pour comprendre même ce qui lui arrivait. Où allait-elle aller ? Qu'allait-elle faire ? Que lui était-il arrivé à lui ? D'où venaient une pareille erreur, un pareil oubli, une pareille méprise, une si incroyable distraction?

Elle avait deux francs dans sa poche. A qui s'adresser? Et, tout d'un coup, le souvenir lui vint de son cousin Barral, sous-chef de bureau à la marine.

Elle possédait juste de quoi payer la course du fiacre; elle se fit conduire chez lui. Et elle le rencontra comme il partait pour son ministère. Il portait, ainsi que Lebrument, un gros portefeuille sous le bras.

Elle s'élança de sa voiture.

— Henry! cria-t-elle.

Il s'arrêta stupéfait :

— Jeanne?... ici?... toute seule?... Que faites-vous, d'où venez-vous?

Elle balbutia, les yeux pleins de larmes :

— Mon mari s'est perdu tout à l'heure?

— Perdu, où ça?

-- Sur un omnibus.

— Sur un omnibus?... Oh!...

Et elle lui conta en pleurant son aventure.

Il l'écoutait, réfléchissant. Il demanda :

— Ce matin, il avait la tête bien calme?

— Oui.
— Bon. Avait-il beaucoup d'argent sur lui.
— Oui, il portait ma dot.
— Votre dot?... tout entière?
— Tout entière... pour payer son étude tantôt.
— Eh bien, ma chère cousine, votre mari à l'heure qu'il est, doit filer sur la Belgique.

Elle ne comprenait pas encore. Elle bégayait.

— ... Mon mari... vous dites?...
— Je dis qu'il a raflé votre... votre capital... et voilà tout.

Elle restait debout, suffoquée, murmurant :

— Alors c'est... c'est... c'est un misérable!...

Puis, défaillant d'émotion, elle tomba sur le gilet de son cousin, en sanglotant.

Comme on s'arrêtait pour les regarder, il la poussa, tout doucement, sous l'entrée de sa maison, et, la soutenant par la taille, il lui fit monter son escalier, et comme sa bonne interdite ouvrait la porte, il commanda :

— Sophie, courez au restaurant chercher un déjeuner pour deux personnes. Je n'irai pas au ministère aujourd'hui.

RENCONTRE

RENCONTRE

Ce fut un hasard, un vrai hasard. Le baron d'Etraille, fatigué de rester debout, entra, tous les appartements de la princesse étant ouverts ce soir de fête, dans la chambre à coucher déserte et presque sombre au sortir des salons illuminés.

Il cherchait un siège où dormir, certain que sa femme ne voudrait point partir avant le jour. Il aperçut dès la porte le large lit d'azur à fleurs d'or, dressé au milieu de la vaste pièce, pareil à un catafalque où aurait été enseveli l'amour, car la princesse n'était plus jeune. Par derrière, une grande tache claire donnait la sensation d'un lac vu par une haute fenêtre. C'était la glace, immense, discrète, habillée de draperies sombres qu'on laissait tomber quelquefois, qu'on avait souvent relevées; et la glace semblait regarder la couche, sa complice. On eût dit qu'elle avait des souvenirs, des regrets, comme ces châteaux que hantent les spectres des morts, et qu'on allait voir passer sur sa face unie et vide ces formes charmantes qu'ont les hanches nues des femmes, et les gestes doux de leurs bras quand elles enlacent.

Le baron s'était arrêté souriant, un peu ému au seuil de cette chambre d'amour. Mais soudain, quelque chose apparut dans la glace comme si les fantômes évoqués eussent surgi devant lui. Un homme et une femme, assis sur un divan très bas, cachés, dans l'ombre, s'étaient levés. Et le cristal poli, réflétant leurs images, les montrait, debout et se baisant aux lèvres avant de se séparer.

Le baron reconnut sa femme et le marquis de Cervigné. Il se retourna et s'éloigna en homme fort et maître de lui ; et il attendit que le jour vînt pour emmener la baronne : mais il ne songeait plus à dormir.

Dès qu'il fut seul avec elle, il lui dit :

— Madame, je vous ai vue tout à l'heure dans la chambre de la princesse de Raynes. Je n'ai point besoin de m'expliquer davantage. Je n'aime ni les reproches, ni les violences, ni le ridicule. Voulant éviter ces choses, nous allons nous séparer sans bruit. Les hommes d'affaires régleront votre situation suivant mes ordres. Vous serez libre de vivre à votre guise n'étant plus sous mon toit, mais je vous préviens que si quelque scandale a lieu, comme vous continuez à porter mon nom, je serai forcé de me montrer sévère.

Elle voulut parler ; il l'en empêcha, s'inclina, et rentra chez lui.

Il se sentait plutôt étonné et triste que malheureux. Il l'avait beaucoup aimée dans les premiers temps de leur mariage. Cette ardeur s'était peu à peu refroidie, et maintenant il avait souvent des caprices, soit au théâtre, soit dans le monde, tout en gardant néanmoins un certain goût pour la baronne.

Elle était fort jeune, vingt-quatre ans à peine, petite, singulièrement blonde. et maigre, trop maigre. C'était une poupée de Paris, fine, gâtée, élégante, coquette, assez spirituelle, avec plus de charme que de beauté. Il disait familièrement à son frère en parlant d'elle :

— Ma femme est charmante, provocante, seulement... elle ne vous laisse rien dans la main. Elle ressemble à ces verres de champagne où tout est mousse. Quand on a fini par trouver le fond, c'est bon tout de même, mais il y en a trop peu.

Il marchait dans sa chambre, de long en large, agité et songeant à mille choses. Par moments, des souffles de colère le soulevaient et il sentait des envies brutales d'aller casser les reins du marquis ou de le souffleter au cercle. Puis il constatait que cela serait de mauvais goût, qu'on rirait de lui et non de l'autre, et que ces emportements lui venaient bien plus de sa vanité blessée que de son cœur meurtri. Il se coucha, mais ne dormit point.

On apprit dans Paris, quelques jours plus tard, que le baron et la baronne d'Etraille s'étaient séparés à l'amiable pour non compatibilité d'humeur. On ne soupçonna rien, on ne chuchota pas et on ne s'étonna point.

Le baron, cependant, pour éviter des rencontres qui lui seraient pénibles, voyagea pendant un an, puis il passa l'été suivant aux bains de mer, l'automne à chasser et il revint à Paris pour l'hiver. Pas une fois il ne vit sa femme.

Il savait qu'on ne disait rien d'elle. Elle avait soin de garder au moins les apparences. Il n'en demandait pas davantage.

Il s'ennuya, voyagea encore, puis restaura son château de Villebosc, ce qui lui demanda deux ans, puis il reçut ses amis, ce qui l'occupa quinze mois au moins; puis, fatigué de ce plaisir usé, il rentra dans son hôtel de la rue de Lille, juste six années après la séparation.

Il avait maintenant quarante-cinq ans, pas mal de cheveux blancs, un peu de ventre, et cette mélancolie des gens qui ont été beaux, recherchés, aimés et qui se détériorent tous les jours.

Un mois après son retour à Paris, il prit froid en sortant du cercle et se mit à tousser. Son médecin lui ordonna d'aller finir l'hiver à Nice.

Il partit donc, un lundi soir, par le rapide.

Comme il se trouvait en retard, il arriva alors que le train se mettait en marche. Il y avait une place dans un coupé, il y monta. Une personne était déjà installée sur le fauteuil du fond, tellement enveloppée de fourrures et de manteaux qu'il ne put même deviner si c'était un homme ou une femme. On n'apercevait rien d'elle qu'un long paquet de vêtements. Quand il vit qu'il ne saurait rien, le baron, à son tour, s'installa, mit sa toque de voyage, déploya ses couvertures, se roula dedans, s'étendit et s'endormit.

Il ne se réveilla qu'à l'aurore, et tout de suite il regarda vers son compagnon. Il n'avait point bougé de toute la nuit et il semblait encore en plein sommeil.

M. d'Etraille en profita pour faire sa toilette du matin, brosser sa barbe et ses cheveux, refaire l'aspect de son visage que la nuit change si fort, si fort, quand on atteint un certain âge.

Le grand poète a dit :

« Quand on est jeune on a des matins triomphants ! »

Quand on est jeune on a de magnifiques réveils, avec la peau fraîche, l'œil luisant, les cheveux brillants de sève.

Quand on vieillit on a des réveils lamentables, avec l'œil terne, la joue rouge et bouffie, la bouche épaisse, les cheveux en bouillie et la barbe mêlée donnent au visage un aspect vieux, fatigué, fini.

Le baron avait ouvert son nécessaire de voyage et il rajusta sa physionomie en quelques coups de brosse. Puis il attendit.

Le train siffla, s'arrêta. Le voisin fit un mouvement. Il était sans doute réveillé.

Puis la machine repartit. Un rayon de soleil oblique entrait maintenant dans le wagon et tombait juste en travers du dormeur, qui remua de nouveau, donna quelques coups de tête comme un poulet qui sort de sa coquille, et montra tranquillement son visage.

C'était une jeune femme blonde, toute fraîche, fort jolie et grasse. Elle s'assit.

Le baron, stupéfait, la regardait. Il ne savait plus ce qu'il devait croire. Car vraiment on eût juré que c'était... que c'était sa femme, mais sa femme, extraordinairement changée... à son avantage, engraissée, oh! engraissée autant que lui-même, mais en mieux.

Elle le regarda tranquillement, parut ne pas le reconnaître, et se débarrassa avec placidité des étoffes qui l'entouraient.

Elle avait l'assurance calme d'une femme sûre d'elle-même, l'audace insolente du réveil, se sachant, se sentant en pleine beauté, en pleine fraîcheur.

Le baron perdait vraiment la tête.

Etait-ce sa femme? Ou une autre qui lui aurait ressemblé comme une sœur? Depuis six ans qu'il ne l'avait vue il pouvait se tromper.

Elle bâilla. Il reconnut son geste. Mais de nouveau elle se tourna vers lui et le parcourut, le couvrit d'un regard tranquille, indifférent, d'un regard qui ne sait rien, puis elle considéra la campagne.

Il demeura éperdu, horriblement perplexe. Il attendit, la guettant de côté, avec obstination.

Mais oui, c'était sa femme, morbleu! Comment pouvait-il hésiter? Il n'y en avait pas deux avec ce nez-là? Mille souvenirs lui revenaient, des souvenirs de caresses, des petits détails de son corps, un grain de beauté sur la hanche, un autre au dos, en face du premier. Comme il les avait souvent baisés! Il se sentait envahi par une griserie ancienne, retrouvant l'odeur de sa peau, son sourire quand elle lui jetait ses bras sur les épaules, les intonations douces de sa voix, toutes ces câlineries gracieuses.

Mais, comme elle était changée, embellie, c'était elle et ce n'était pas elle. Il la trouvait plus mûre, plus faite, plus femme, plus séduisante, plus désirable, adorablement désirable.

Donc cette femme étrangère, inconnue, rencontrée par hasard dans un wagon était à lui, lui appartenait de par la loi. Il n'avait qu'à dire : « Je veux. » Il avait jadis dormi dans ses bras, vécu dans son amour. Il la retrouvait maintenant si changée qu'il la reconnaissait à peine. C'était une autre et c'était elle en même temps : une autre née, formée, grandie depuis qu'il l'avait quittée; mais c'était celle aussi qu'il avait possédée, dont il retrouvait les attitudes modifiées, les traits anciens plus formés, le sourire moins mignard, les gestes plus assurés. C'étaient deux femmes en une, mêlant une grande part d'inconnu nouveau à une grande part de souvenir aimé. C'était quelque chose de singulier, de troublant, d'excitant, une sorte de mystère d'amour où flottait une confusion délicieuse. C'était sa femme dans un corps nouveau, dans une chair nouvelle que ses lèvres n'avaient point parcourus.

Et il pensait, en effet, qu'en six années tout change en nous. Seul le contour demeure reconnaissable, et quelquefois même il disparait.

Le sang, les cheveux, la peau, tout recommence, tout se reforme. Et quand on est demeuré longtemps sans se voir, on retrouve un autre être tout différent, bien qu'il soit le même et qu'il porte le même nom.

Et le cœur aussi peut varier, les idées aussi se modifient, se renouvellent, si bien qu'en quarante ans de vie nous pouvons par de lentes et constantes transformations devenir quatre ou cinq êtres absolument nouveaux et différents.

Il songeait, troublé jusqu'à l'âme. La pensée lui vint brusquement du soir où il l'avait surprise dans la chambre de la princesse. Aucune fureur ne l'agita. Il n'avait pas sous les yeux la même femme, la petite poupée maigre et vive de jadis.

Qu'allait-il faire ? Comment lui parler ? Que lui dire ? L'avait-elle reconnu, elle ?

Le train s'arrêta de nouveau. Il se leva, salua et prononça :

— Berthe, n'avez-vous besoin de rien. Je pourrais vous apporter...

Elle le regarda des pieds à la tête et répondit, sans étonnement, sans confusion, sans colère, avec une placide indifférence :

— Non — de rien — merci.

Il descendit et fit quelques pas sur le quai pour se secouer comme pour reprendre ses sens après une chute. Qu'allait-il faire maintenant? Monter dans un autre wagon? Il aurait l'air de fuir. Se montrer galant, empressé? Il aurait l'air de demander pardon. Parler comme un maître? Il aurait l'air d'un goujat, et puis, vraiment, il n'en avait plus le droit.

Il remonta et reprit sa place.

Elle aussi, pendant son absence avait fait vivement sa toilette. Elle était étendue maintenant sur le fauteuil, impassible et radieuse.

Il se tourna vers elle et lui dit :

— Ma chère Berthe, puisqu'un hasard bien singulier nous remet en présence après six ans de séparation, de séparation sans violence, allons-nous continuer à nous regarder comme deux ennemis irréconciliables. Nous sommes enfermés en tête-à-tête? Tant pis, ou tant mieux. Moi je ne m'en irai pas. Donc n'est-il pas préférable de causer comme... comme... comme... des... amis, jusqu'au terme de notre route ?

Elle répondit, tranquillement :

— Comme vous voudrez.

Alors il demeura court, ne sachant que dire. Puis, ayant de l'audace, il s'approcha, s'assit sur le fauteuil du milieu, et d'une voix galante :

— Je vois qu'il faut vous faire la cour, soit. C'est d'ailleurs un plaisir, car vous êtes charmante. Vous ne vous figurez point comme vous avez gagné depuis six ans. Je ne connais pas de femme qui m'ait donné la sensation délicieuse que j'ai eue en vous voyant sortir de vos fourrures, tout à l'heure. Vraiment je n'aurais pas cru possible un tel changement...

Elle prononça sans remuer la tête et sans le regarder :

— Je ne vous en dirai pas autant, car vous avez beaucoup perdu.

Il rougit, confus et troublé, puis avec un sourire résigné :

— Vous êtes dure.

Elle se tourna vers lui :

— Pourquoi ! Je constate. Vous n'avez pas l'intention de m'offrir votre amour, n'est-ce pas ? Donc il est absolument indifférent que je vous trouve bien ou mal ? Mais je vois que ce sujet vous est pénible. Parlons d'autre chose. Qu'avez-vous fait depuis que je ne vous ai vu ?

Il avait perdu contenance, il balbutia :

— Moi ? J'ai voyagé, j'ai chassé, j'ai vieilli, comme vous le voyez. Et vous ?

Elle déclara avec sérénité :

— Moi, j'ai gardé les apparences comme vous me l'aviez ordonné.

Un mot brutal lui vint aux lèvres. Il ne le dit pas, mais prenant la main de sa femme, il la baisa :

— Et je vous en remercie.

Elle fut surprise. Il était fort vraiment, et toujours maître de lui.

Il reprit :

— Puisque vous avez consenti à ma première demande, voulez-vous maintenant que nous causions sans aigreur ?

Elle eut un petit geste de mépris.

— De l'aigreur. Mais je n'en ai pas. Vous m'êtes complètement étranger. Je cherche seulement à animer une conversation difficile.

Il la regardait toujours, séduit malgré sa rudesse, sentant un désir brutal l'envahir, un désir irrésistible, un désir de maître.

Elle prononça, sentant bien qu'elle l'avait blessé, et s'acharnant :

— Quel âge avez-vous donc aujourd'hui? Je vous croyais plus jeune que vous ne le paraissez.

Il pâlit :

— J'ai quarante-cinq ans.

Puis il ajouta :

— J'ai oublié de vous demander des nouvelles de la princesse de Raynes. Vous la voyez toujours ?

Elle lui jeta un regard de haine :

— Oui, toujours. Elle va fort bien — merci.

Et ils demeurèrent côte à côte, le cœur agité, l'âme irritée. Tout à coup il déclara :

— Ma chère Berthe, je viens de changer d'avis. Vous êtes ma femme, et je prétends que vous reveniez aujourd'hui sous mon toit. Je trouve que vous avez gagné en beauté, et en caractère, et je vous reprends. Je suis votre mari, c'est mon droit.

Elle fut stupéfaite, et le regarda dans les yeux pour y lire sa pensée. Il avait un visage impassible, impénétrable et résolu.

Elle répondit :

— Je suis bien fâchée, mais j'ai des engagements.

Il sourit :

— Tant pis pour vous. La loi me donne la force. J'en userai.

On arriva à Marseille ; le train sifflait, ralentissant sa marche. La baronne se leva, roula ses couvertures avec assurance, puis se tournant vers son mari :

— Mon cher Raymond, n'abusez pas d'un tête-à-tête que j'ai préparé. J'ai voulu prendre une précaution, suivant vos conseils, pour n'avoir rien à craindre ni de vous, ni du monde, quoi qu'il arrive. Vous allez à Nice, n'est-ce pas ?

— J'irai où vous irez.

— Pas du tout. Écoutez-moi, et je vous promets que vous me laisserez tranquille. Tout à l'heure, sur le quai de la gare, vous allez voir la princesse de Raynes et la princesse Hanriot qui m'attendent avec leurs maris. J'ai voulu qu'on nous vît ensemble, vous et moi, et qu'on sût bien que nous avions passé la nuit seuls, dans ce coupé. Ne craignez rien. Ces dames le raconteront partout tant la chose paraîtra surprenante.

Je vous disais tout à l'heure que suivant en tous points vos recommandations, j'avais soigneusement gardé les apparences. Il n'a pas été question du reste, n'est-ce pas. Eh bien, c'est pour continuer que j'ai tenu à cette rencontre. Vous m'avez ordonné d'éviter avec soin le scandale, je l'évite, mon cher..., car j'ai peur..., j'ai peur...

Elle attendit que le train fût complètement arrêté, et comme une bande d'amis s'élançait à la portière et l'ouvrait, elle acheva :

— J'ai peur d'être enceinte.

La princesse tendait les bras pour l'embrasser. La baronne lui dit, montrant le baron stupide d'étonnement et cherchant à deviner la vérité :

— Vous ne reconnaissez donc pas Raymond? Il est bien changé, en effet. Il a consenti à m'accompagner pour ne pas me laisser voyager seule. Nous faisons quelquefois des fugues comme cela, en bons amis qui ne peuvent vivre ensemble. Nous allons d'ailleurs nous quitter ici. Il a déjà assez de moi.

Elle tendit sa main qu'il prit machinalement. Puis elle sauta sur le quai au milieu de ceux qui l'attendaient.

Le baron ferma brusquement la portière, trop ému pour dire un mot ou pour prendre une résolution. Il entendait la voix de sa femme et ses rires joyeux qui s'éloignaient.

Il ne l'a jamais revue.

Avait-elle menti? Disait-elle vrai? Il l'ignora toujours.

LE LIT 29

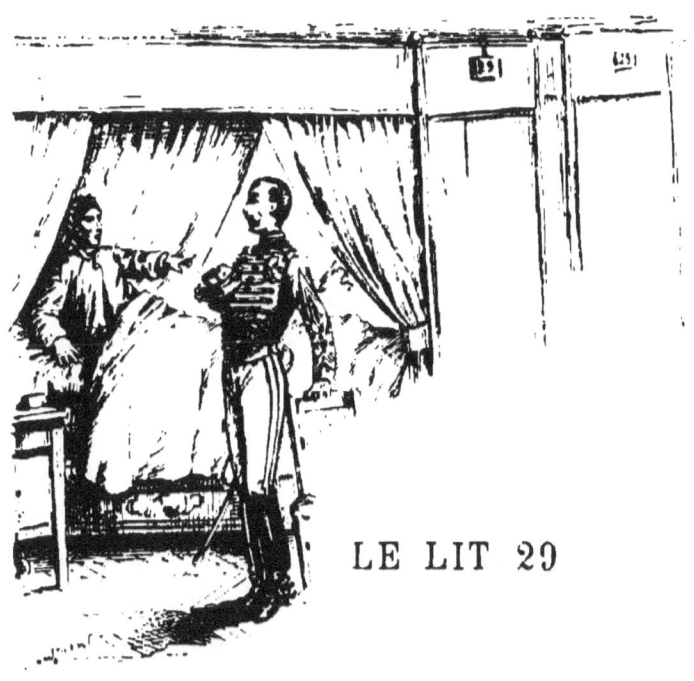

LE LIT 29

Quand le capitaine Épivent passait dans la rue, toutes les femmes se retournaient. Il présentait vraiment le type du bel officier de hussards. Aussi paradait-il toujours et se pavanait-il sans cesse, fier et préoccupé de sa cuisse, de sa taille et de sa moustache. Il les avait superbes, d'ailleurs, la moustache, la taille et la cuisse. La première était blonde, très forte, tombant martialement sur la lèvre en un beau bourrelet couleur de blé mûr, mais fin, soigneusement roulé, et qui descendait ensuite des deux côtés de la bouche en deux puissants jets de poils tout à fait crânes. La taille était mince comme s'il eût porté corset, tandis qu'une vigoureuse poitrine de mâle, bombée et cambrée, s'élargissait au-dessus. Sa cuisse était admirable, une cuisse de gymnaste, de danseur, dont la chair musclée dessinait tous ses mouvements sous le drap collant du pantalon rouge.

Il marchait en tendant le jarret et en écartant les pieds et les bras, de ce pas un peu balancé des cavaliers, qui sied bien pour faire valoir les jambes et le torse, qui semble vainqueur sous l'uniforme, mais commun sous la redingote.

Comme beaucoup d'officiers, le capitaine Epivent portait mal le costume civil. Il n'avait plus l'air, une fois vêtu de drap gris ou noir, que d'un commis de magasin. Mais en tenue il triomphait. Il avait d'ailleurs une jolie tête, le nez mince et courbé, l'œil bleu, le front étroit. Il était chauve, par exemple, sans qu'il eût jamais compris pourquoi ses cheveux étaient tombés. Il se consolait, en constatant qu'avec de grandes moustaches un crâne un peu nu ne va pas mal.

Il méprisait tout le monde en général avec beaucoup de degrés dans son mépris.

D'abord, pour lui, les bourgeois n'existaient point. Il les regardait, ainsi qu'on regarde les animaux, sans leur accorder plus d'attention qu'on n'en accorde aux moineaux ou aux poules. Seuls les officiers comptaient dans le monde, mais il n'avait pas la même estime pour tous les officiers. Il ne respectait, en somme, que les beaux hommes, la vraie, l'unique qualité du militaire devant être la prestance. Un soldat c'était un gaillard, que diable, un grand gaillard créé pour faire la guerre et l'amour, un homme à poigne, à crins et à reins, rien de plus. Il classait les généraux de l'armée française en raison de leur taille, de leur tenue et de l'aspect rébarbatif de leur visage. Bourbaki lui apparaissait comme le plus grand homme de guerre des temps modernes.

Il riait beaucoup des officiers de la ligne qui sont courts et gros et soufflent en marchant, mais il avait surtout une invincible mésestime qui frisait la répugnance pour les pauvres gringalets sortis de l'école polytechnique, ces maigres petits hommes à lunettes, gauches et maladroits, qui semblent autant faits pour l'uniforme qu'un lapin pour dire la messe, affirmait-il. Il s'indignait qu'on tolérât dans l'armée ces avortons aux jambes grêles qui marchent comme des crabes, qui ne boivent pas, qui mangent peu, et qui semblent mieux aimer les équations que les belles filles.

Le capitaine Epivent avait des succès constants, des triomphes auprès du beau sexe.

Toutes les fois qu'il soupait en compagnie d'une femme, il se considérait comme certain de finir la nuit en tête-à-tête, sur le même sommier, et si des obstacles insurmontables empêchaient sa victoire le soir même, il était sûr au moins de la « suite à demain ». Les camarades n'aimaient pas lui faire rencontrer leurs maîtresses, et les commerçants en boutiques qui avaient de jolies femmes au comptoir de leur magasin, le connaissaient, le craignaient et le haïssaient éperdument.

Quand il passait, la marchande échangeait, malgré elle, avec lui, un regard, à travers les vitres de la devanture; un de ces regards qui valent plus que les paroles tendres, qui contiennent un appel et une réponse, un désir et un aveu. Et le mari qu'une sorte d'instinct avertissait, se retournant brusquement, jetait un coup d'œil furieux sur la silhouette fière et cambrée de l'officier. Et quand le capitaine était passé, souriant et content de son effet, le commerçant, bousculant d'une main nerveuse les objets étalés devant lui, déclarait :

— En voilà un grand dindon. Quand est-ce qu'on finira de nourrir tous ces propres à rien qui trainent leur ferblanterie dans les rues. Quant à moi, j'aime mieux un boucher qu'un soldat. S'il a du sang sur son tablier, c'est du sang de bête au moins; et il est utile à quelque chose, celui-là; et le couteau qu'il porte n'est pas destiné à tuer des hommes. Je ne comprends pas qu'on tolère sur les promenades que ces meurtriers publics promènent leurs instruments de mort. Il en faut, je le sais bien, mais qu'on les cache au moins, et qu'on ne les habille pas en mascarade avec des culottes rouges et des vestes bleues. On n'habille pas le bourreau en général, n'est-ce pas ?

La femme, sans répondre, haussait imperceptiblement les épaules, tandis que le mari, devinant le geste sans le voir, s'écriait :

— Faut-il être bête pour aller voir parader ces cocos-là.

La réputation de conquérant du capitaine Epivent était d'ailleurs établie dans toute l'armée française.

Or, en 1868, son régiment, le 102ᵉ hussards, vint tenir garnison à Rouen.

Il fut bientôt connu dans la ville. Il apparaissait tous les soirs, vers cinq heures, sur le cours Boïeldieu, pour prendre l'absinthe au café de la Comédie, mais avant d'entrer dans l'établissement, il avait soin de faire un tour sur la promenade pour montrer sa jambe, sa taille et sa moustache.

Les commerçants rouennais qui se promenaient aussi, les mains derrière le dos, préoccupés des affaires, et parlant de la hausse et de la baisse, lui jetaient cependant un regard et murmuraient :

— Bigre, voilà un bel homme.

Puis, quand ils le connurent :

— Tiens, le capitaine Epivent! Quel gaillard tout de même !

Les femmes, à sa rencontre, avaient un petit mouvement de tête tout à fait drôle, une sorte de frisson de pudeur comme si elles s'étaient senties faibles ou dévêtues devant lui. Elles baissaient un peu la tête avec une ombre de sourire sur les lèvres, un désir d'être trouvées charmantes et d'avoir un regard de lui. Quand il se promenait avec un camarade, le camarade ne manquait jamais de murmurer avec une jalousie envieuse, chaque fois qu'il revoyait le même manège :

— Ce bougre d'Epivent, a-t-il de la chance.

Parmi les filles entretenues de la ville, c'était une lutte, une course, à qui l'enlèverait. Elles venaient toutes, à cinq heures, l'heure des officiers, sur le cours Boïeldieu, et elles traînaient leurs jupes, deux par deux, d'un bout à l'autre du cours, tandis que, deux par deux, lieutenants, capitaines et commandants, traînaient leurs sabres sur le trottoir, avant d'entrer au café.

Or, un soir, la belle Irma, la maîtresse, disait-on, de M. Templier-Papon, le riche manufacturier, fit arrêter sa voiture en face de la Comédie, et descendant, eut l'air d'aller acheter du papier ou commander des cartes de visite chez M. Paulard, le graveur, cela pour passer devant les tables d'officiers et jeter au capitaine Epivent un regard qui voulait dire : « Quand vous voudrez » si clairement que le colonel Prune, qui buvait la verte liqueur avec son lieutenant-colonel, ne put s'empêcher de grogner :

— Cré cochon. A-t-il de la chance ce bougre-là?

Le mot du colonel fut répété ; et le capitaine Epivent ému de cette approbation supérieure, passa le lendemain, en grande tenue, et plusieurs fois de suite, sous les fenêtres de la belle.

Elle le vit, se montra, sourit.

Le soir même il était son amant.

Ils s'affichèrent, se donnèrent en spectacle, se compromirent mutuellement, fiers tous deux d'une pareille aventure.

Il n'était bruit dans la ville que des amours

de la belle Irma avec l'officier. Seul, M. Templier-Papon les ignorait.

Le capitaine Epivent rayonnait de gloire; et, à tout instant il répétait :

— Irma vient de me dire — Irma me disait cette nuit — hier, en dînant avec Irma...

Pendant plus d'un an il promena, étala, déploya dans Rouen cet amour, comme un drapeau pris à l'ennemi. Il se sentait grandi par cette conquête, envié, plus sûr de l'avenir, plus sûr de la croix tant désirée, car tout le monde avait les yeux sur lui, et il suffit de se trouver bien en vue pour n'être pas oublié.

Mais voilà que la guerre éclata et que le régiment du capitaine fut envoyé à la frontière un des premiers. Les adieux furent lamentables. Ils durèrent toute une nuit.

Sabre, culotte rouge, képi, dolman chavirés du dos d'une chaise, par terre; les robes, les jupes, les bas de soie répandus, tombés aussi, mêlés à l'uniforme, en détresse sur le tapis, la chambre bouleversée comme après une bataille, Irma, folle, les cheveux dénoués, jetait ses bras désespérés autour du cou de l'officier, l'étreignant, puis, le lâchant, se roulait sur le sol, renversait les meubles, arrachait les franges des fauteuils, mordait leurs pieds, tandis que le capitaine, fort ému, mais inhabile aux consolations, répétait :

— Irma, ma petite Irma, pas à dire, il le faut.

Et il essuyait parfois, du bout du doigt, une larme éclose au coin de l'œil.

Ils se séparèrent au jour levant. Elle suivit en voiture son amant jusqu'à la première étape. Et elle l'embrassa presque en face du régiment à l'instant de la séparation. On trouva même ça très gentil, très digne, très bien, et les camarades serrèrent la main du capitaine en lui disant :

— Cré veinard, elle avait du cœur tout de même, cette petite.

On voyait vraiment là-dedans quelque chose de patriotique.

Le régiment fut fort éprouvé pendant la campagne. Le capitaine se conduisit héroïquement et reçut enfin la croix, puis, la guerre terminée il revint à Rouen en garnison.

Aussitôt de retour, il demanda des nouvelles d'Irma, mais personne ne put lui en donner de précises.

D'après les uns, elle avait fait la noce avec l'état-major prussien.

D'après les autres, elle s'était retirée chez ses parents, cultivateurs aux environs d'Yvetot.

Il envoya même son ordonnance à la mairie pour consulter le registre des décès. Le nom de sa maîtresse ne s'y trouva pas.

Et il eut un grand chagrin dont il faisait parade. Il mettait même au compte de l'ennemi son malheur, attribuait aux Prussiens qui avaient occupé Rouen la disparition de la jeune femme, et déclarait :

— A la prochaine guerre, ils me le payeront, les gredins.

Or, un matin, comme il entrait au mess à l'heure du déjeuner, un commissionnaire, vieil homme en blouse, coiffé d'une casquette cirée, lui remit une enveloppe. Il l'ouvrit et lut :

« Mon chéri,

« Je suis à l'hôpital, bien malade, bien malade. Ne reviendras-tu pas me voir ? Ça me ferait tant plaisir !

« IRMA. »

Le capitaine devint pâle, et, remué de pitié, il déclara :

— Nom de nom, la pauvre fille. J'y vais aussitôt le déjeuner.

Et pendant tout le temps il raconta à la table des officiers qu'Irma était à l'hôpital ; mais qu'il l'en ferait sortir, cré mâtin. C'était encore la faute de ces sacré nom de Prussiens. Elle avait dû se trouver seule, sans le sou, crevant de misère, car on avait certainement pillé son mobilier.

— Ah ! les salopiauds !

Tout le monde était ému en l'écoutant.

A peine eut-il glissé sa serviette roulée dans son rond de bois, qu'il se leva; et, ayant cueilli son sabre au porte-manteau, bombant sa poitrine pour se faire mince, il agrafa son ceinturon, puis partit d'un pas accéléré pour se rendre à l'hôpital civil.

Mais l'entrée du bâtiment hospitalier où il s'attendait à pénétrer immédiatement, lui fut sévèrement refusée et il dut même aller trouver son colonel à qui il expliqua son cas et dont il obtint un mot pour le directeur.

Celui-ci, après avoir fait poser quelque temps le beau capitaine dans son antichambre, lui délivra enfin une autorisation, avec un salut froid et désapprobateur.

Dès la porte il se sentit gêné dans cet asile de la misère, de la souffrance et de la mort. Un garçon de service le guida.

Il allait sur la pointe des pieds, pour ne pas faire de bruit, dans les longs corridors où flottait une odeur fade de moisi, de maladie et de médicaments. Un murmure de voix, par moments, troublait seul le grand silence de l'hôpital.

Parfois, par une porte ouverte, le capitaine apercevait un dortoir, une file de lits dont les draps étaient soulevés par la forme des corps. Des convalescentes assises sur des chaises au pied de leurs couches, cousaient, vêtues d'une robe d'uniforme en toile grise, et coiffées d'un bonnet blanc.

Son guide soudain s'arrêta devant une de ces galeries pleines de malades. Sur la porte on lisait, en grosses lettres : « Syphilitiques ». Le capitaine tressaillit; puis il se sentit rougir. Une infirmière préparait un médicament sur une petite table de bois à l'entrée.

— Je vais vous conduire, dit-elle, c'est au lit 29.

Et elle se mit à marcher devant l'officier. Puis elle indiqua une couchette :

— C'est là.

On ne voyait rien qu'un renflement des couvertures. La tête elle-même était cachée sous le drap.

Partout des figures se dressaient au-dessus des couches, des figures pâles, étonnées, qui regardaient l'uniforme, des figures de femmes, de jeunes femmes et de vieilles femmes, mais qui semblaient toutes laides, vulgaires, sous l'humble caraco réglementaire.

Le capitaine tout à fait troublé, qui soutenait son sabre d'une main et portait son képi de l'autre, murmura :

— Irma.

Un grand mouvement se fit dans le lit et le visage de sa maîtresse apparut, mais si changé, si fatigué, si maigre, qu'il ne le reconnaissait pas.

Elle haletait, suffoquée par l'émotion, et elle prononça :

— Albert!... Albert!... C'est toi!... Oh!... c'est bien... c'est bien...

Et des larmes coulèrent de ses yeux.

L'infirmière apportait une chaise :

— Asseyez-vous, monsieur.

Il s'assit, et il regardait la face pâle, si misérable de cette fille qu'il avait quittée si belle et si fraîche.

Il dit :

— Qu'est-ce que tu as eu.

Elle répondit, tout en pleurant :

— Tu as bien vu, c'est écrit sur la porte.

Et elle cacha ses yeux sous le bord de ses draps.

Il reprit, éperdu, honteux :

— Comment as-tu attrappé ça, ma pauvre fille.

Elle murmura :

— C'est ces salops de Prussiens. Ils m'ont prise presque de force et ils m'ont empoisonnée.

Il ne trouvait plus rien à ajouter. Il la regardait et tournait son képi sur ses genoux.

Les autres malades le dévisageaient et il croyait sentir une odeur de pourriture, une odeur de chair gâtée et d'infamie dans ce dortoir plein de filles atteintes du mal ignoble et terrible.

Elle murmurait :

— Je ne crois pas que j'en réchappe. Le médecin dit que c'est bien grave.

Puis apercevant la croix sur la poitrine de l'officier, elle s'écria :

— Oh! tu es décoré, que je suis contente! Que je suis contente! Oh! si je pouvais t'embrasser?

Un frisson de peur et de dégoût courut sur

la peau du capitaine, à la pensée de ce baiser.

Il avait envie de s'en aller maintenant, d'être à l'air, de ne plus voir cette femme. Il restait cependant, ne sachant comment faire pour se lever, pour lui dire adieu. Il balbutia :

— Tu ne t'es donc pas soignée.

Une flamme passa dans les yeux d'Irma : « Non, j'ai voulu me venger, quand j'aurais dû en crever ! Et je les ai empoisonnés aussi, tous, tous, le plus que j'ai pu. Tant qu'ils ont été à Rouen je ne me suis pas soignée. »

Il déclara, d'un ton gêné, où perçait un peu de gaieté :

— Quant à ça, tu as bien fait.

Elle dit, s'animant, les pommettes rouges :

— Oh oui, il en mourra plus d'un par ma faute, va. Je te réponds que je me suis vengée.

Il prononça encore :

— Tant mieux.

Puis, se levant :

— Allons, je vais te quitter parce qu'il faut que je sois chez le colonel à quatre heures.

Elle eut une grosse émotion :

— Déjà ! tu me quittes déjà ! Oh ! tu viens à peine d'arriver !...

Mais il voulait partir à tout prix. Il prononça :

— Tu vois bien que je suis venu tout de suite; mais il faut absolument que je sois chez le colonel à quatre heures.

Elle demanda :

— C'est toujours le colonel Prune?

— C'est toujours lui. Il a été blessé deux fois.

Elle reprit :

— Et tes camarades, y en a-t-il eu de tués?

— Oui. Saint-Timon, Savagnat, Poli, Sapreval, Robert, de Courson, Pasafil, Santal, Caravan et Poivrin sont morts. Sahel a eu le bras emporté et Courvoisin une jambe écrasée, Paquet a perdu l'œil droit.

Elle écoutait, pleine d'intérêt. Puis tout à coup elle balbutia :

— Veux-tu m'embrasser, dis, avant de me quitter, madame Langlois n'est pas là.

Et malgré le dégoût qui lui montait aux lèvres, il les posa sur ce front blême, tandis qu'elle, l'entourant de ses bras, jetait des baisers affolés sur le drap bleu de son dolman.

Elle reprit :

— Tu reviendras, dis, tu reviendras. Promets-moi que tu reviendras.

— Oui, je te le promets.
— Quand ça. Peux-tu jeudi ?
— Oui, jeudi.
— Jeudi, deux heures.
— Oui, jeudi deux heures.
— Tu me le promets ?
— Je te le promets.
— Adieu, mon chéri.
— Adieu.

Et il s'en alla, confus, sous les regards du dortoir, pliant sa haute taille pour se faire petit; et quand il fut dans la rue, il respira.

Le soir, ses camarades lui demandèrent :
— Eh bien ! Irma ?
Il répondit d'un ton gêné :
— Elle a eu une fluxion de poitrine, elle est bien mal.

Mais un petit lieutenant, flairant quelque chose à son air, alla aux informations et, le lendemain, quand le capitaine entra au mess, il fut accueilli par une décharge de rires et de plaisanteries. On se vengeait, enfin.

On apprit, en outre, qu'Irma avait fait une noce enragée avec l'état-major prussien, qu'elle avait parcouru le pays à cheval avec un colonel de hussards bleus et avec bien d'autres encore, et que, dans Rouen, on ne l'appelait plus que la « femme aux Prussiens. »

Pendant huit jours le capitaine fut la victime du régiment. Il recevait, par la poste, des notes révélatrices des ordonnances, des indications de médecins spécialistes, même des médicaments dont la nature était inscrite sur le paquet.

Et le colonel, mis au courant, déclara d'un ton sévère :

— Eh bien, le capitaine avait là une jolie connaissance. Je lui en ferai mes compliments.

Au bout d'une douzaine de jours, il fut appelé par une nouvelle lettre d'Irma. Il la déchira avec rage, et ne répondit pas.

Huit jours plus tard, elle lui écrivit de nouveau qu'elle était tout à fait mal, et qu'elle voulait lui dire adieu.

Il ne répondit pas.

Après quelques jours encore, il reçut la visite de l'aumônier de l'hôpital.

La fille Irma Pavolin, à son lit de mort, le suppliait de venir.

Il n'osa pas refuser de suivre l'aumônier, mais il entra dans l'hôpital le cœur gonflé de rancune méchante, de vanité blessée, d'orgueil humilié.

Il ne la trouva guère changée et pensa qu'elle s'était moquée de lui.

— Qu'est-ce que tu me veux? dit-il.

— J'ai voulu te dire adieu. Il paraît que je suis tout à fait bas.

Il ne la crut pas.

— Écoute, tu me rends la risée du régiment, et je ne veux pas que ça continue.

Elle demanda :

— Qu'est-ce que je t'ai fait, moi?

Il s'irrita de n'avoir rien à répondre.

— Ne compte pas que je reviendrai ici pour faire moquer de moi par tout le monde !

Elle le regarda de ses yeux éteints où s'allumait une colère, et elle répéta :

— Qu'est-ce que je t'ai fait, moi ? Je n'ai pas été gentille avec toi, peut-être ? Est-ce que je t'ai quelquefois demandé quelque chose ? Sans toi, je serais restée avec M. Templier-Papon et je ne me trouverais pas ici aujourd'hui. Non, vois-tu, si quelqu'un a des reproches à me faire, ça n'est pas toi.

Il reprit, d'un ton vibrant :

— Je ne te fais pas de reproches, mais je ne peux pas continuer à venir te voir, parce que ta conduite avec les Prussiens a été la honte de toute la ville.

Elle s'assit, d'une secousse, dans son lit :

— Ma conduite avec les Prussiens ? Mais quand je te dis qu'ils m'ont prise, et quand je te dis que, si je ne me suis pas soignée, c'est parce que j'ai voulu les empoisonner. Si j'avais voulu me guérir, ça n'était pas difficile, parbleu ! mais je voulais les tuer, moi, et j'en ai tué, va !

Il restait debout :

— Dans tous les cas, c'est honteux, dit-il.

Elle eut une sorte d'étouffement, puis reprit :

— Qu'est-ce qui est honteux, de m'être fait mourir pour les exterminer, dis? Tu ne parlais pas comme ça quand tu venais chez moi, rue Jeanne-d'Arc? Ah! c'est honteux! Tu n'en aurais pas fait autant, toi, avec ta croix d'honneur! Je l'ai plus méritée que toi, vois-tu, plus que toi, et j'en ai tué plus que toi, des Prussiens!...

Il demeurait stupéfait devant elle, frémissant d'indignation.

— Ah! tais-toi... tu sais... tais-toi... parce que... ces choses-là... je ne permets pas... qu'on y touche...

Mais elle ne l'écoutait guère :

— Avec ça que vous leur avez fait bien du mal aux Prussiens! Ça serait-il arrivé si vous les aviez empêchés de venir à Rouen. Dis? C'est vous qui deviez les arrêter, entends-tu. Et je leur ai fait plus de mal que toi, moi, oui, plus de mal, puisque je vais mourir, tandis que tu te ballades, toi, et que tu fais le beau pour enjôler les femmes...

Sur chaque lit une tête s'était dressée et tous les yeux regardaient cet homme en uniforme qui bégayait :

— Tais-toi... tu sais... tais-toi...

Mais elle ne se taisait pas. Elle criait :

— Ah ! oui, tu es un joli poseur. Je te connais, va. Je te connais. Je te dis que je leur ai fait plus de mal que toi, moi, et que j'en ai tué plus que tout ton régiment réuni... va donc... capon !

Il s'en allait, en effet, il fuyait, allongeant ses grandes jambes. passant entre les deux rangs de lits où s'agitaient les syphilitiques. Et il entendait la voix haletante. sifflante, d'Irma, qui le poursuivait :

— Plus que toi, oui, j'en ai tué plus que toi, plus que toi...

Il dégringola l'escalier quatre à quatre, et courut s'enfermer chez lui.

Le lendemain, il apprit qu'elle était morte.

LE PROTECTEUR

LE PROTECTEUR

Il n'aurait jamais rêvé une fortune si haute ! Fils d'un huissier de province, Jean Marin était venu, comme tant d'autres, faire son droit au quartier latin. Dans les différentes brasseries qu'il avait successivement fréquentées, il était devenu l'ami de plusieurs étudiants bavards qui crachaient de la politique en buvant des bocks. Il s'éprit d'admiration pour eux et les suivit avec obstination, de café en café, payant même leurs consommations quand il avait de l'argent.

Puis il se fit avocat et plaida des causes qu'il perdit. Or, voilà qu'un matin, il apprit dans les feuilles qu'un de ses anciens camarades du quartier venait d'être nommé député.

Il fut de nouveau son chien fidèle, l'ami qui fait les corvées, les démarches, qu'on envoie chercher quand on a besoin de lui et avec qui on ne se gêne point. Mais il arriva par aventure parlementaire que le député devint ministre; six mois après Jean Marin était nommé conseiller d'État.

Il eut d'abord une crise d'orgueil à en perdre la tête. Il allait dans les rues pour le plaisir de se montrer comme si on eût pu deviner sa position rien qu'à le voir. Il trouvait le moyen de dire aux marchands chez qui il entrait, aux vendeurs de journaux, même aux cochers de fiacre, à propos des choses les plus insignifiantes :

— Moi qui suis conseiller d'État...

Puis il éprouva, naturellement, comme par suite de sa dignité, par nécessité professionnelle, par devoir d'homme puissant et généreux, un impérieux besoin de protéger. Il offrait son appui à tout le monde, en toute occasion, avec une inépuisable générosité.

Quand il rencontrait sur les boulevards une figure de connaissance, il s'avançait d'un air ravi, prenait les mains, s'informait de la santé, puis, sans attendre les questions, déclarait :

— Vous savez, moi, je suis conseiller d'État et tout à votre service. Si je puis vous être utile à quelque chose, usez de moi sans vous gêner. Dans ma position on a le bras long.

Et alors il entrait dans les cafés avec l'ami rencontré pour demander une plume, de l'encre et une feuille de papier à lettre — « une seule, garçon, c'est pour écrire une lettre de recommandation ».

Et il en écrivait des lettres de recommandation, dix, vingt, cinquante par jour. Il en écrivait au café Américain, chez Bignon, chez Tortoni, à la Maison-Dorée, au café

Riche, au Helder, au café Anglais, au Napolitain, partout, partout. Il en écrivait à tous les fonctionnaires de la République, depuis les juges de paix jusqu'aux ministres. Et il était heureux, tout à fait heureux.

Un matin comme il sortait de chez lui pour se rendre au conseil d'État, la pluie se mit à tomber. Il hésita à prendre un fiacre, mais il n'en prit pas, et s'en fut à pied, par les rues.

L'averse devenait terrible, noyait les trottoirs, inondait la chaussée. M. Marin fut contraint de se réfugier sous une porte. Un vieux prêtre était déjà là, un vieux prêtre à cheveux blancs. Avant d'être conseiller d'État, M. Marin n'aimait point le clergé. Maintenant il le traitait avec considération depuis qu'un cardinal l'avait consulté poliment sur une affaire difficile. La pluie tombait en inondation, forçant les deux hommes à fuir jusqu'à la loge du concierge pour éviter les éclaboussures.

M. Marin, qui éprouvait toujours la démangeaison de parler pour se faire valoir, déclara :

— Voici un bien vilain temps, monsieur l'abbé.

Le vieux prêtre s'inclina :

— Oh ! oui, monsieur, c'est bien désagréable lorsqu'on ne vient à Paris que pour quelques jours.

— Ah ! vous êtes de province ?

— Oui, monsieur, je ne suis ici qu'en passant.

— En effet, c'est très désagréable d'avoir de la pluie pour quelques jours passés dans la capitale. Nous autres, fonctionnaires, qui demeurons ici toute l'année, nous n'y songeons guère.

L'abbé ne répondait pas. Il regardait la rue où l'averse tombait moins pressée. Et soudain, prenant une résolution, il releva sa soutane comme les femmes relèvent leurs robes pour passer les ruisseaux.

M. Marin le voyant partir, s'écria :

— Vous allez vous faire tremper, monsieur

l'abbé. Attendez encore quelques instants, ça va cesser.

Le bonhomme indécis s'arrêta, puis il reprit :

— C'est que je suis très pressé. J'ai un rendez-vous urgent.

M. Marin semblait désolé.

— Mais vous allez être positivement traversé. Peut-on vous demander dans quel quartier vous allez?

Le curé paraissait hésiter, puis il prononça :

— Je vais du côté du Palais-Royal.

— Dans ce cas, si vous le permettez, monsieur l'abbé, je vais vous offrir l'abri de mon parapluie. Moi, je vais au conseil d'État. Je suis conseiller d'État.

Le vieux prêtre leva le nez et regarda son voisin, puis déclara :

— Je vous remercie beaucoup, monsieur, j'accepte avec plaisir.

Alors M. Marin prit son bras et l'entraîna. Il le dirigeait, le surveillait, le conseillait :

— Prenez garde à ce ruisseau, monsieur l'abbé. Surtout méfiez-vous des roues des voitures; elles vous éclaboussent quelquefois des pieds à la tête. Faites attention aux parapluies des gens qui passent. Il n'y a rien de plus dangereux pour les yeux que le bout des baleines. Les femmes surtout sont insupportables ; elles ne font attention à rien et vous plantent toujours en pleine figure les pointes de leurs ombrelles ou de leurs parapluies. Et jamais elles ne se dérangent pour personne. On dirait que la ville leur appartient. Elles règnent sur le trottoir et dans la rue. Je trouve, quant à moi, que leur éducation a été fort négligée.

Et M. Marin se mit à rire.

Le curé ne répondait pas. Il allait, un peu voûté, choisissant avec soin les places où il posait le pied pour ne crotter ni sa chaussure, ni sa soutane.

M. Marin reprit :

— C'est pour vous distraire un peu que vous venez à Paris, sans doute.

Le bonhomme répondit :

— Non, j'ai une affaire.

— Ah ? Est-ce une affaire importante. Oserais-je vous demander de quoi il s'agit. Si je puis vous être utile, je me mets à votre disposition.

Le curé paraissait embarrassé. Il murmura :
— Oh! c'est une petite affaire personnelle. Une petite difficulté avec... avec mon évêque. Cela ne vous intéresserait pas. C'est une... une affaire d'ordre intérieur... de... de... matière ecclésiastique.

M. Marin s'empressa.

— Mais c'est justement le conseil d'État qui règle ces choses-là. Dans ce cas, usez de moi.

— Oui, monsieur, c'est aussi au conseil d'État que je vais. Vous êtes mille fois trop bon. J'ai à voir M. Lerepère et M. Savon, et aussi peut-être M. Petitpas.

M. Marin s'arrêta net.

— Mais ce sont mes amis, monsieur l'abbé, mes meilleurs amis, d'excellents collègues, des gens charmants. Je vais vous recommander à tous les trois, et chaudement. Comptez sur moi.

Le curé remercia, se confondit en excuses, balbutia mille actions de grâce.

M. Marin était ravi.

— Ah! vous pouvez vous vanter d'avoir une fière chance, monsieur l'abbé. Vous allez voir, vous allez voir que, grâce à moi, votre affaire ira comme sur des roulettes.

Ils arrivaient au conseil d'État. M. Marin fit monter le prêtre dans son cabinet, lui offrit un siège, l'installa devant le feu, puis prit place lui-même devant la table, et se mit à écrire :

« Mon cher collègue, permettez-moi de vous recommander de la façon la plus chaude un vénérable ecclésiastique des plus dignes et des plus méritants, M. l'abbé... »

Il s'interrompit et demanda :

— Votre nom, s'il vous plaît ?

— L'abbé Ceinture.

M. Marin se remit à écrire :

« M. l'abbé Ceinture, qui a besoin de vos bons offices pour une petite affaire dont il vous parlera.

« Je suis heureux de cette circonstance, qui me permet, mon cher collègue... »

Et il termina par les compliments d'usage.

Quand il eut écrit les trois lettres, il les remit à son protégé qui s'en alla après un nombre infini de protestations.

M. Marin accomplit sa besogne, rentra chez lui, passa la journée tranquillement, dormit en paix, se réveilla enchanté et se fit apporter les journaux.

Le premier qu'il ouvrit était une feuille radicale. Il lut :

« Notre clergé et nos fonctionnaires.

« Nous n'en finirons pas d'enregistrer les méfaits du clergé. Un certain prêtre, nommé Ceinture, convaincu d'avoir conspiré contre le gouvernement existant, accusé d'actes indignes que nous n'indiquerons même pas, soupçonné en outre d'être un ancien jésuite métamorphosé en simple prêtre, cassé par un évêque pour des motifs qu'on affirme inavouables, et appelé à Paris pour fournir des explications sur sa conduite, a trouvé un ardent défenseur dans le nommé Marin, conseiller d'État, qui n'a pas craint de donner à ce malfaiteur en soutane les lettres de recommandations les plus pressantes pour tous les fonctionnaires républicains ses collègues.

« Nous signalons l'attitude inqualifiable de ce conseiller d'État à l'attention du ministre... »

M. Marin se dressa d'un bond, s'habilla, courut chez son collègue Petitpas qui lui dit :

— Ah çà, vous êtes fou de me recommander ce vieux conspirateur.

Et M. Marin éperdu, bégaya :

— Mais non... voyez-vous... j'ai été trompé... Il avait l'air si brave homme... il m'a joué... il m'a indignement joué. Je vous en prie, faites-le condamner sévèrement, très sévèrement. Je vais écrire. Dites-moi à qui il faut écrire pour le faire condamner. Je vais trouver le procureur général et l'archevêque de Paris, oui, l'archevêque...

Et s'asseyant brusquement devant le bureau de M. Petitpas, il écrivit :

« Monseigneur, j'ai l'honneur de porter à la connaissance de Votre Grandeur que je viens d'être victime des intrigues et des mensonges d'un certain abbé Ceinture, qui a surpris ma bonne foi.

« Trompé par les protestations de cet ecclésiastique, j'ai pu. . .   . . . .
. . . .

Puis, quand il eut signé et cacheté sa lettre,
il se tourna vers son collègue et déclara :

— Voyez-vous, mon cher ami, que cela
vous soit un enseignement, ne recommandez
jamais personne.

BOMBARD

BOMBARD

Simon Bombard la trouvait souvent mauvaise, la vie! Il était né avec une incroyable aptitude pour ne rien faire et avec un désir immodéré de ne point contrarier cette vocation. Tout effort moral ou physique, tout mouvement accompli pour une besogne lui paraissait au-dessus de ses forces. Aussitôt qu'il entendait parler d'une affaire sérieuse il devenait distrait, son esprit étant incapable d'une tension ou même d'une attention.

Fils d'un marchand de nouveautés de Caen,

il se l'était coulée douce, comme on disait dans sa famille, jusqu'à l'âge de vingt-cinq ans.

Mais ses parents demeurant toujours plus près de la faillite que de la fortune, il souffrait horriblement de la pénurie d'argent.

Grand, gros, beau gars, avec des favoris roux, à la normande, le teint fleuri, l'œil bleu, bête et gai, le ventre apparent déjà, il s'habillait avec une élégance tapageuse de provincial en fête. Il riait, criait, gesticulait à tout propos, étalant sa bonne humeur orageuse avec une assurance de commis-voyageur. Il considérait que la vie était faite uniquement pour bambocher et plaisanter, et sitôt qu'il lui fallait mettre un frein à sa joie braillarde, il tombait dans une sorte de somnolence hébétée, étant même incapable de tristesse.

Ses besoins d'argent le harcelant, il avait coutume de répéter une phrase devenue célèbre dans son entourage :

— Pour dix mille francs de rente, je me ferais bourreau.

Or, il allait chaque année passer quinze

jours à Trouville. Il appelait ça « faire sa saison ».

Il s'installait chez des cousins qui lui prêtaient une chambre, et, du jour de son arrivée au jour du départ, il se promenait sur les planches qui longent la grande plage de sable.

Il allait d'un pas assuré, les mains dans ses poches ou derrière le dos, toujours vêtu d'amples habits, de gilets clairs et de cravates voyantes. le chapeau sur l'oreille et un cigare d'un sou dans le coin de la bouche.

Il allait, frôlant les femmes élégantes, toisant les hommes en gaillard prêt à *se flanquer une tripotée*, et cherchant... cherchant... car il cherchait.

Il cherchait une femme, comptant sur sa figure, sur son physique. Il s'était dit :

— Que diable, dans le tas de celles qui viennent là, je finirai bien par trouver mon affaire. Et il cherchait avec un flair de chien de chasse, un flair de Normand, sûr qu'il la reconnaîtrait, rien qu'en l'apercevant, celle qui le ferait riche.

Ce fut un lundi matin qu'il murmura :
— Tiens — tiens — tiens.

Il faisait un temps superbe, un de ces temps jaunes et bleus du mois de juillet où on dirait qu'il pleut de la chaleur. La vaste plage couverte de monde, de toilettes, de couleurs, avait l'air d'un jardin de femmes ; et les barques de pêche aux voiles brunes, presque immobiles sur l'eau bleue, qui les reflétait la tête en bas, semblaient dormir sous le grand soleil de dix heures. Elles restaient là, en face de la jetée de bois, les unes tout près, d'autres plus loin, d'autres très loin, sans remuer, comme accablées par une paresse de jour d'été, trop nonchalantes pour gagner la haute mer ou même pour rentrer au port. Et, là-bas, on apercevait vaguement, dans une brume, la côte du Havre portant à son sommet deux points blancs, les phares de Sainte-Adresse.

Il s'était dit :

— Tiens, tiens, tiens ! en la rencontrant pour la troisième fois et en sentant sur lui son regard, son regard de femme mûre, expérimentée et hardie, qui s'offre.

Déjà il l'avait remarquée les jours précédents, car elle semblait aussi en quête de quelqu'un. C'était une Anglaise assez grande, un peu maigre, l'Anglaise audacieuse dont les voyages et les circonstances ont fait une espèce d'homme. Pas mal d'ailleurs, marchant sec, d'un pas court, vêtue simplement, sobrement, mais coiffée d'une façon drôle, comme elles se coiffent toutes. Elle avait les yeux assez beaux, les pommettes saillantes, un peu rouges, les dents trop longues, toujours au vent.

Quand il arriva près du port, il revint sur ses pas pour voir s'il la rencontrerait encore une fois. Il la rencontra et il lui jeta un coup d'œil enflammé, un coup d'œil qui disait :

— Me voilà.

Mais comment lui parler ?

Il revint une cinquième fois, et comme il la voyait de nouveau arriver en face de lui, elle laissa tomber son ombrelle.

Il s'élança, la ramassa, et, la présentant :
— Permettez, madame... »
Elle répondit :
— Aôh, vos êtes fort gracious.
Et ils se regardèrent. Ils ne savaient plus que dire. Elle avait rougi.
Alors, s'enhardissant, il prononça :
— En voilà du beau temps.
Elle murmura :
— Aôh, délicious !
Et ils restèrent encore en face l'un de l'autre, embarrassés, et ne songeant d'ailleurs à s'en aller ni l'un ni l'autre. Ce fut elle qui eut l'audace de demander :
— Vos été pour longtemps dans cette pays.
Il répondit en souriant :
— Oh ! oui, tant que je voudrai !
Puis, brusquement, il proposa :
— Voulez-vous venir jusqu'à la jetée ? c'est si joli par ces jours-là !
Elle dit simplement :
— Je volé bien.
Et ils s'en allèrent côte à côte, elle de son allure sèche et droite, lui de son allure balancée de dindon qui fait la roue.

Trois mois plus tard les notables commerçants de Caen recevaient, un matin, une grande lettre blanche qui disait :

Monsieur et Madame Prosper Bombard ont l'honneur de vous faire part du mariage de Monsieur Simon Bombard, leur fils, avec Madame veuve Kate Robertson.

Et, sur l'autre page :

Madame veuve Kate Robertson a l'honneur de vous faire part de son mariage avec Monsieur Simon Bombard.

Ils s'installèrent à Paris.

La fortune de la mariée s'élevait à quinze mille francs de rentes bien claires. Simon voulait quatre cents francs par mois pour sa cassette personnelle. Il dut prouver que sa tendresse méritait ce sacrifice ; il le prouva avec facilité et obtint ce qu'il demandait.

Dans les premiers temps tout alla bien. Mme Bombard jeune n'était plus jeune, assurément, et sa fraîcheur avait subi des atteintes ; mais elle avait une manière d'exiger les choses qui faisait qu'on ne pouvait les lui refuser.

Elle disait avec son accent anglais volontaire et grave :

— Oh Simon, nô allons nô coucher, qui faisait aller Simon vers le lit comme un chien à qui on ordonne « à la niche. » Et elle savait vouloir en tout, de jour comme de nuit, d'une façon qui forçait les résistances.

Elle ne se fâchait pas ; elle ne faisait point de scènes ; elle ne criait jamais ; elle n'avait jamais l'air irrité ou blessé, ou même froissé. Elle savait parler, voilà tout ; et elle parlait à propos, d'un ton qui n'admettait point de réplique.

Plus d'une fois Simon faillit hésiter ; mais devant les désirs impérieux et brefs de cette singulière femme, il finissait toujours par céder.

Cependant comme il trouvait monotones et maigres les baisers conjugaux, et comme il avait en poche de quoi s'en offrir de plus gros, il s'en paya bientôt à satiété, mais avec mille précautions.

Mme Bombard s'en aperçut, sans qu'il devinât à quoi ; et elle lui annonça un soir qu'elle avait loué une maison à Mantes où ils habiteraient dans l'avenir.

L'existence devint plus dure. Il essaya des distractions diverses qui n'arrivaient point à compenser le besoin de conquêtes féminines qu'il avait au cœur.

Il pêcha à la ligne, sut distinguer les fonds qu'aime le goujon, ceux que préfère la carpe ou le gardon, les rives favorites de la brème et les diverses amorces qui tentent les divers poissons.

Mais en regardant son flotteur trembloter au fil de l'eau, d'autres visions hantaient son esprit.

Il devint l'ami du chef de bureau de la sous-préfecture et du capitaine de gendarmerie ; et ils jouèrent au whist, le soir, au café du Commerce, mais son œil triste déshabillait la reine de trèfle ou la dame de carreau, tandis que le problème des jambes absentes dans ces figures à deux têtes embrouillait tout à fait les images écloses en sa pensée.

Alors il conçut un plan, un vrai plan de Normand rusé. Il fit prendre à sa femme une bonne qui lui convenait ; non point une belle fille, une coquette, une parée, mais une gaillarde, rouge et râblée, qui n'éveillerait point de soupçons et qu'il avait préparée avec soin à ses projets.

Elle leur fut donnée en confiance par le directeur de l'octroi, un ami complice et complaisant qui la garantissait sous tous les rapports. Et Mme Bombard accepta avec confiance le trésor qu'on lui présentait.

Simon fut heureux, heureux avec précaution, avec crainte, et avec des difficultés incroyables.

Il ne dérobait à la surveillance inquiète de sa femme que de très courts instants, par-ci par-là, sans tranquillité.

Il cherchait un truc, un stratagème, et il finit par en trouver un qui réussit parfaitement.

Mme Bombard qui n'avait rien à faire se couchait tôt, tandis que Bombard qui jouait au whist, au café du Commerce, rentrait chaque jour à neuf heures et demie précises. Il imagina de faire attendre Victorine dans le couloir de sa maison, sur les marches du vestibule, dans l'obscurité.

Il avait cinq minutes au plus, car il redoutait toujours une surprise ; mais enfin cinq minutes de temps en temps suffisaient à son ardeur, et il glissait un louis, car il était large en ses plaisirs, dans la main de la servante, qui remontait bien vite à son grenier.

Et il riait, il triomphait tout seul, il répétait tout haut, comme le barbier du roi Midas, dans les roseaux du fleuve, en pêchant l'ablette :

— Fichue dedans, la patronne.

Et le bonheur de ficher dedans Mme Bombard équivalait, certes, pour lui, à tout ce qu'avait d'imparfait et d'incomplet sa conquête à gages.

Or, un soir, il trouva comme d'habitude Victorine l'attendant sur les marches, mais elle lui parut plus vive, plus animée que d'habitude, et il demeura peut-être dix minutes au rendez-vous du corridor.

Quand il entra dans la chambre conjugale, Mme Bombard n'y était pas. Il sentit un grand frisson froid qui lui courait dans le dos et il tomba sur une chaise, torturé d'angoisse.

Elle apparut, un bougeoir à la main.

Il demanda, tremblant :

— Tu étais sortie ?

Elle répondit tranquillement :

— Je été dans la cuisine boire un verre d'eau.

Il s'efforça de calmer les soupçons qu'elle pouvait avoir ; mais elle semblait tranquille, heureuse, confiante ; et il se rassura.

Quand ils pénétrèrent, le lendemain, dans la salle à manger pour déjeuner, Victorine mit sur la table les côtelettes.

Comme elle se relevait. Mme Bombard lui tendit un louis qu'elle tenait délicatement entre deux doigts, et lui dit, avec son accent calme et sérieux :

— Tené, ma fille. voilà vingt francs dont j'avé privé vô, hier au soir. Je vô les rendé.

Et la fille interdite prit la pièce d'or qu'elle regardait d'un air stupide, tandis que Bombard, effaré, ouvrait sur sa femme des yeux énormes.

LA CHEVELURE

LA CHEVELURE

Les murs de la cellule étaient nus, peints à la chaux. Une fenêtre étroite et grillée, percée très haut de façon qu'on ne pût pas y atteindre, éclairait cette petite pièce claire et sinistre; et le fou, assis sur une chaise de paille, nous regardait d'un œil fixe, vague et hanté. Il était fort maigre, avec des joues creuses et des cheveux presque blancs qu'on devinait blanchis en quelques mois. Ses vêtements semblaient trop larges pour ses membres secs, pour sa poitrine rétrécie, pour son ventre creux. On sentait cet homme ravagé, rongé par sa pensée, par une Pensée, comme un fruit par un ver. Sa Folie, son idée était là, dans cette tête, obstinée, harcelante, dévorante. Elle mangeait le corps peu à peu. Elle, l'Invisible, l'Impalpable, l'Insaisissable, l'Immatérielle Idée minait la chair, buvait le sang, éteignait la vie.

Quel mystère que cet homme tué par un Songe! Il faisait peine, peur et pitié, ce Possédé! Quel rêve étrange, épouvantable et mortel habitait dans ce front, qu'il plissait de rides profondes, sans cesse remuantes?

Le médecin me dit : « Il a de terribles accès de fureur, c'est un des déments les plus singuliers que j'aie vus. Il est atteint de folie érotique et macabre. C'est une sorte de nécrophile. Il a d'ailleurs écrit son journal qui nous montre le plus clairement du monde la maladie de son esprit. Sa folie y est pour ainsi dire palpable. Si cela vous intéresse, vous pouvez parcourir ce document. » Je suivis le docteur dans son cabinet, et il me remit le journal de ce misérable homme. « Lisez, dit-il, et vous me direz votre avis. »

Voici ce que contenait ce cahier :

Jusqu'à l'âge de trente-deux ans, je vécus tranquille, sans amour. La vie m'apparaissait très simple, très bonne et très facile. J'étais riche. J'avais du goût pour tant de choses que je ne pouvais éprouver de passion pour rien. C'est bon de vivre ! Je me réveillais heureux, chaque jour, pour faire des choses qui me plaisaient, et je me couchais satisfait, avec l'espérance paisible du lendemain et de l'avenir sans souci.

J'avais eu quelques maîtresses sans avoir jamais senti mon cœur affolé par le désir ou mon âme meurtrie d'amour après la possession. C'est bon de vivre ainsi. C'est meilleur d'aimer, mais terrible. Encore, ceux qui aiment comme tout le monde doivent-ils éprouver un ardent bonheur, moindre que le mien peut-être, car l'amour est venu me trouver d'une incroyable manière.

Étant riche, je recherchais les meubles anciens et les vieux objets ; et souvent je pensais aux mains inconnues qui avaient palpé ces choses, aux yeux qui les avaient admirées, aux cœurs qui les avaient aimées, car on aime les choses ! Je restais souvent pendant des heures, des heures et des heures, à regarder une petite montre du siècle dernier. Elle était si mignonne, si jolie, avec son émail et son or ciselé. Et elle marchait encore comme au jour où une femme l'avait achetée dans le ravissement de posséder ce fin bijou. Elle n'avait point cessé de palpiter, de vivre sa vie de mécanique, et elle continuait toujours son tic-tac régulier, depuis un siècle passé. Qui donc l'avait portée la première sur son sein dans la tiédeur des étoffes, le cœur de la montre battant contre le cœur de la femme ? Quelle main l'avait tenue au bout de ses doigts un peu chauds, l'avait tournée, retournée, puis avait essuyé les bergers de porcelaine ternis une seconde par la moiteur de la peau ? Quels yeux avaient épié sur ce cadran fleuri l'heure attendue, l'heure chérie, l'heure divine?

Comme j'aurais voulu la connaitre, la voir, la femme qui avait choisi cet objet exquis et rare! Elle est morte! Je suis possédé par le désir des femmes d'autrefois; j'aime, de loin, toutes celles qui ont aimé! — L'histoire des tendresses passées m'emplit le cœur de regrets. Oh! la beauté, les sourires, les caresses jeunes, les espérances! Tout cela ne devrait-il pas être éternel!

Comme j'ai pleuré, pendant des nuits entières, sur les pauvres femmes de jadis, si belles, si tendres, si douces, dont les bras se sont ouverts pour le baiser et qui sont mortes! Le baiser est immortel, lui! Il va de lèvre en lèvre, de siècle en siècle, d'âge en âge. — Les hommes le recueillent, le donnent et meurent.

Le passé m'attire, le présent m'effraye parce que l'avenir c'est la mort. Je regrette tout ce qui s'est fait, je pleure tous ceux qui ont vécu; je voudrais arrêter le temps, arrêter l'heure. Mais elle va, elle va, elle passe, elle me prend de seconde en seconde un peu de moi pour le néant de demain. Et je ne revivrai jamais.

Adieu celles d'hier. Je vous aime.

Mais je ne suis pas à plaindre. Je l'ai trouvée, moi, celle que j'attendais; et j'ai goûté par elle d'incroyables plaisirs.

Je rôdais dans Paris par un matin de soleil, l'âme en fête, le pied joyeux, regardant les boutiques avec cet intérêt vague du flâneur. Tout à coup, j'aperçus chez un marchand d'antiquités un meuble italien du XVII° siècle. Il était fort beau, fort rare. Je l'attribuai à un artiste vénitien du nom de Vitelli, qui fut célèbre à cette époque.

Puis je passai.

Pourquoi le souvenir de ce meuble me poursuivit-il avec tant de force que je revins sur mes pas? Je m'arrêtai de nouveau devant le magasin pour le revoir, et je sentis qu'il me tentait.

Quelle singulière chose que la tentation! On regarde un objet et, peu à peu, il vous séduit, vous trouble, vous envahit comme ferait un visage de femme. Son charme entre en vous, charme étrange qui vient de sa forme, de sa couleur, de sa physionomie de chose ; et on l'aime déjà, on le désire, on le veut. Un besoin de possession vous gagne, besoin doux d'abord, comme timide, mais qui s'accroît, devient violent, irrésistible.

Et les marchands semblent deviner à la flamme du regard l'envie secrète et grandissante.

J'achetai ce meuble et je le fis porter chez moi tout de suite. Je le plaçai dans ma chambre.

Oh! je plains ceux qui ne connaissent pas cette lune de miel du collectionneur avec le bibelot qu'il vient d'acheter. On le caresse de l'œil et de la main comme s'il était de chair ; on revient à tout moment près de lui, on y pense toujours, où qu'on aille, quoi qu'on fasse. Son souvenir aimé vous suit dans la rue, dans le monde, partout ; et quand on rentre chez soi, avant même d'avoir ôté ses gants et son chapeau, on va le contempler avec une tendresse d'amant.

Vraiment, pendant huit jours, j'adorai ce meuble. J'ouvrais à chaque instant ses portes, ses tiroirs; je le maniais avec ravissement, goûtant toutes les joies intimes de la possession.

Or, un soir, je m'aperçus, en tâtant l'épaisseur d'un panneau, qu'il devait y avoir là une cachette. Mon cœur se mit à battre, et je passai la nuit à chercher le secret sans le pouvoir découvrir.

J'y parvins le lendemain en enfonçant une lame dans une fente de la boiserie. Une planche glissa et j'aperçus, étalée sur un fond de velours noir, une merveilleuse chevelure de femme !

Oui, une chevelure, une énorme natte de cheveux blonds, presque roux, qui avaient dû être coupés contre la peau, et liés par une corde d'or.

Je demeurai stupéfait, tremblant, troublé ! Un parfum presque insensible, si vieux qu'il semblait l'âme d'une odeur, s'envolait de ce tiroir mystérieux et de cette surprenante relique.

Je la pris, doucement, presque religieusement, et je la tirai de sa cachette. Aussitôt elle se déroula, répandant son flot doré qui tomba jusqu'à terre, épais et léger, souple et

brillant comme la queue en feu d'une comète.
Une émotion étrange me saisit. Qu'était-ce
que cela? Quand? comment? pourquoi ces
cheveux avaient-ils été enfermés dans ce
meuble? Quelle aventure, quel drame cachait
ce souvenir?

Qui les avait coupés? un amant un jour
d'adieu? un mari un jour de vengeance? ou
bien celle qui les avait portés sur son front,
un jour de désespoir?

Était-ce à l'heure d'entrer au cloître qu'on
avait jeté là cette fortune d'amour, comme un
gage laissé au monde des vivants? Était-ce à
l'heure de la clouer dans la tombe, la jeune et
belle morte, que celui qui l'adorait avait gardé
la parure de sa tête, la seule chose qu'il pût
conserver d'elle, la seule partie vivante de sa
chair qui ne dût point pourrir, la seule qu'il
pouvait aimer encore et caresser, et baiser
dans ses rages de douleur?

N'était-ce point étrange que cette chevelure
fût demeurée ainsi, alors qu'il ne restait plus
une parcelle du corps dont elle était née?

Elle me coulait sur les doigts, me chatouil-
lait la peau d'une caresse singulière, d'une

caresse de morte. Je me sentais attendri comme si j'allais pleurer.

Je la gardai longtemps, longtemps en mes mains, puis il me sembla qu'elle m'agitait, comme si quelque chose de l'âme fût resté caché dedans. Et je la remis sur le velours terni par le temps, et je repoussai le tiroir, et je refermai le meuble, et je m'en allai par les rues pour rêver.

J'allais devant moi, plein de tristesse, et aussi plein de trouble, de ce trouble qui vous reste au cœur après un baiser d'amour. Il me semblait que j'avais vécu autrefois déjà, que j'avais dû connaître cette femme.

Et les vers de Villon me montèrent aux lèvres, ainsi qu'y monte un sanglot :

> Dictes-moy où, ne en quel pays
> Est Flora la belle Romaine,
> Archipiada, ne Thaïs,
> Qui fut sa cousine germaine?

Echo parlant quand bruyt on maine
Dessus rivière, ou sus estan ;
Qui beauté eut plus que humaine?
Mais où sont les neiges d'antan?

. . . .
La royne blanche comme un lys
Qui chantoit à voix de sereine,
Berthe au grand pied, Bietris, Allys,
Harembouges qui tint le Mayne,
Et Jehanne la bonne Lorraine
Que Anglais bruslèrent à Rouen?
Où sont-ils, Vierge souveraine?
Mais où sont les neiges d'antan?

Quand je rentrai chez moi, j'éprouvai un irrésistible désir de revoir mon étrange trouvaille ; et je la repris, et je sentis, en la touchant, un long frisson qui me courut dans les membres.

Durant quelques jours cependant, je demeurai dans mon état ordinaire, bien que la pensée vive de cette chevelure ne me quittât plus.

Dès que je rentrais, il fallait que je la visse et que je la maniasse. Je tournais la clef de l'armoire avec ce frémissement qu'on a en ouvrant la porte de la bien-aimée, car j'avais aux mains et au cœur un besoin confus, singulier, continu, sensuel de tremper mes doigts dans ce ruisseau charmant de cheveux morts.

Puis, quand j'avais fini de la caresser, quand j'avais refermé le meuble, je la sentais là toujours, comme si elle eût été un être vivant, caché, prisonnier; je la sentais et je la désirais encore; j'avais de nouveau le besoin impérieux de la reprendre, de la palper, de m'énerver jusqu'au malaise par ce contact froid, glissant, irritant, affolant, délicieux.

Je vécus ainsi un mois ou deux, je ne sais plus. Elle m'obsédait, me hantait. J'étais heureux et torturé, comme dans une attente d'amour, comme après les aveux qui précèdent l'étreinte.

Je m'enfermais seul avec elle pour la sentir sur ma peau, pour enfoncer mes lèvres dedans, pour la baiser, la mordre. Je l'enroulais autour de mon visage, je la buvais, je noyais mes yeux dans son onde dorée afin de voir le jour blond, à travers.

Je l'aimais! Oui, je l'aimais. Je ne pouvais plus me passer d'elle, ni rester une heure sans la revoir.

Et j'attendais... j'attendais... quoi? Je ne le savais pas? — Elle.

Une nuit je me réveillai brusquement avec

la pensée que je ne me trouvais pas seul dans ma chambre.

J'étais seul pourtant. Mais je ne pus me rendormir; et comme je m'agitais dans une fièvre d'insomnie, je me levai pour aller toucher la chevelure. Elle me parut plus douce que de coutume, plus animée. Les morts reviennent-ils? Les baisers dont je la réchauffais me faisaient défaillir de bonheur; et je l'emportai dans mon lit, et je me couchai, en la pressant sur mes lèvres, comme une maîtresse qu'on va posséder.

Les morts reviennent! Elle est venue. Oui, je l'ai vue, je l'ai tenue, je l'ai eue, telle qu'elle était vivante autrefois, grande, blonde, grasse, les seins froids, la hanche en forme de lyre; et j'ai parcouru de mes caresses cette ligne ondulante et divine qui va de la gorge aux pieds en suivant toutes les courbes de la chair.

Oui, je l'ai eue, tous les jours, toutes les nuits. Elle est revenue, la Morte, la belle Morte, l'Adorable, la Mystérieuse, l'Inconnue, toutes les nuits.

Mon bonheur fut si grand, que je ne l'ai pu cacher. J'éprouvais près d'elle un ravissement surhumain, la joie profonde, inexplicable de posséder l'Insaisissable, l'Invisible, la Morte! Nul amant ne goûta des jouissances plus ardentes, plus terribles!

Je n'ai point su cacher mon bonheur. Je l'aimais si fort que je n'ai plus voulu la quitter. Je l'ai emportée avec moi toujours, partout. Je l'ai promenée par la ville comme ma femme, et conduite au théâtre en des loges grillées, comme ma maîtresse... Mais on l'a vue... on a deviné... on me l'a prise... Et on m'a jeté dans une prison, comme un malfaiteur. On l'a prise... Oh! misère!...

Le manuscrit s'arrêtait là. Et soudain, comme je relevais sur le médecin des yeux effarés, un cri épouvantable, un hurlement de fureur impuissante et de désir exaspéré s'éleva dans l'asile.

— Écoutez-le, dit le docteur. Il faut doucher cinq fois par jour ce fou obscène. Il n'y a pas que le sergent Bertrand qui ait aimé les mortes.

Je balbutiai, ému d'étonnement, d'horreur et de pitié :

— Mais... cette chevelure... existe-t-elle réellement ?

Le médecin se leva, ouvrit une armoire pleine de fioles et d'instruments et il me jeta, à travers son cabinet, une longue fusée de cheveux blonds qui vola vers moi comme un oiseau d'or.

Je frémis en sentant sur mes mains son toucher caressant et léger. Et je restai le cœur battant de dégoût et d'envie, de dégoût comme au contact des objets traînés dans les crimes, d'envie comme devant la tentation d'une chose infâme et mystérieuse.

Le médecin reprit en haussant les épaules :

— L'esprit de l'homme est capable de tout.

LE PÈRE MONGILET

LE PÈRE MONGILET

Dans le bureau, le père Mongilet passait pour un type. C'était un vieil employé bon enfant qui n'était sorti de Paris qu'une fois en sa vie.

Nous étions alors aux derniers jours de juillet, et chacun de nous, chaque dimanche, allait se rouler sur l'herbe ou se tremper dans l'eau dans les campagnes environnantes. Asnières, Argenteuil, Chatou, Bougival, Maisons, Poissy, avaient leurs habitués et leurs fanatiques. On discutait avec passion les mérites et les avantages de tous ces endroits

célèbres et délicieux pour les employés de
Paris.
Le père Mongilet déclarait :
— Tas de moutons de Panurge ! Elle est jolie, votre campagne !
Nous lui demandions :
— Eh bien, et vous, Mongilet, vous ne vous promenez jamais?
— Pardon. Moi, je me promène en omnibus. Quand j'ai bien déjeuné, sans me presser, chez le marchand de vin qui est en bas, je fais mon itinéraire avec un plan de Paris et l'indicateur des lignes et des correspondances. Et puis je grimpe sur mon impériale, j'ouvre mon ombrelle, et fouette cocher. Oh ! j'en vois, des choses, et plus que vous, allez! Je change de quartier. C'est comme si je faisais un voyage à travers le monde, tant le peuple est différent d'une rue à une autre. Je connais mon Paris mieux que personne. Et puis il n'y a rien de plus amusant que les entresols. Ce qu'on voit de choses là-dedans, d'un coup d'œil, c'est inimaginable. On devine des scènes de ménage rien qu'en apercevant la gueule d'un homme qui crie ; on rigole en passant devant les coif-

feurs qui lâchent le nez du monsieur tout blanc de savon pour regarder dans la rue On fait de l'œil aux modistes, de l'œil à l'œil, histoire de rire, car on n'a pas le temps de descendre. Ah ! ce qu'on en voit de choses !

C'est du théâtre, ça, du bon, du vrai, le théâtre de la nature, vu au trot de deux chevaux. Cristi, je ne donnerais pas mes promenades en omnibus pour vos bêtes de promenades dans les bois.

On lui demandait :

— Goûtez-y, Mongilet, venez une fois à la campagne, pour essayer.

Il répondait :

— J'y ai été, une fois, il y a vingt ans, et on ne m'y reprendra plus.

— Contez-nous ça, Mongilet.

— Tant que vous voudrez. Voici la chose : Vous avez connu Boivin, l'ancien commis-rédacteur que nous appelions Boileau ?

— Oui, parfaitement.

— C'était mon camarade de bureau. Ce gredin-là avait une maison à Colombes et il m'invitait toujours à venir passer un dimanche chez lui. Il me disait :

— Viens donc, Maculotte il m'appelait Maculotte par plaisanterie`. Tu verras la jolie promenade que nous ferons.

— Moi, je me laissai prendre comme une bête, et je partis, un matin, par le train de huit heures. J'arrive dans une espèce de ville, une ville de campagne où on ne voit rien, et je finis par trouver au bout d'un couloir, entre deux murs, une vieille porte de bois, avec une sonnette de fer.

Je sonnai. J'attendis longtemps, et puis on m'ouvrit. Qu'est-ce qui m'ouvrit? Je ne le sus pas du premier coup d'œil : une femme ou une guenon? C'était vieux, c'était laid, enveloppé de vieux linges, ça semblait sale et c'était méchant. Ça avait des plumes de volaille dans les cheveux et l'air de vouloir me dévorer.

Elle demanda :

— Qu'est-ce que vous désirez ?

— M. Boivin.

— Qu'est-ce que vous lui voulez, à M. Boivin?

Je me sentais mal à mon aise devant l'interrogatoire de cette furie. Je balbutiai :

— Mais... il m'attend.

Elle reprit :

— Ah ! c'est vous qui venez pour le déjeuner ?

Je bégayai un « oui » tremblant.

Alors, se tournant vers la maison, elle s'écria d'une voix rageuse :

— Boivin, voilà ton homme !

C'était la femme de mon ami. Le petit père Boivin parut aussitôt sur le seuil d'une sorte de baraque en plâtre, couverte en zinc et qui ressemblait à une chaufferette. Il avait un pantalon de coutil blanc plein de taches et un panama crasseux.

Après avoir serré mes mains, il m'emmena dans ce qu'il appelait son jardin ; c'était, au bout d'un nouveau corridor, formé par des murs énormes, un petit carré de terre grand comme un mouchoir de poche, et entouré de maisons si hautes que le soleil pénétrait là seulement pendant deux ou trois heures par jour. Des pensées, des œillets, des ravenelles, quelques rosiers, agonisaient au fond de ce puits sans air et chauffé comme un four par la réverbération des toits.

— Je n'ai pas d'arbres, disait Boivin, mais

les murs des voisins m'en tiennent lieu. J'ai de l'ombre comme dans un bois.

Puis il me prit par un bouton de ma veste et me dit à voix basse :

— Tu vas me rendre un service. Tu as vu la bourgeoise. Elle n'est pas commode, hein? Aujourd'hui, comme je t'ai invité, elle m'a donné des effets propres ; mais si je les tache, tout est perdu ; j'ai compté sur toi pour arroser mes plantes.

J'y consentis. J'ôtai mon vêtement. Je retroussai mes manches, et je me mis à fatiguer à tour de bras une espèce de pompe qui sifflait, soufflait, râlait comme un poitrinaire pour lâcher un filet d'eau pareil à l'écoulement d'une fontaine Wallace. Il fallut dix minutes pour remplir un arrosoir. J'étais en nage. Boivin me guidait.

— Ici, — à cette plante ; — encore un peu.
— Assez ; — à cette autre.

L'arrosoir, percé, coulait, et mes pieds recevaient plus d'eau que les fleurs. Le bas de mon pantalon, trempé, s'imprégnait de boue. Et, vingt fois de suite, je recommençai, je retrempai mes pieds, je ressuai en faisant geindre le volant de la pompe. Et quand je voulais m'arrêter, exténué, le père Boivin, suppliant, me tirait par le bras :

— Encore un arrosoir — un seul — et c'est fini.

Pour me remercier, il me fit don d'une rose, d'une grande rose ; mais à peine eût-elle touché ma boutonnière, qu'elle s'effeuilla complètement, me laissant, comme décoration, une petite poire verdâtre, dure comme de la pierre. Je fus étonné, mais je ne dis rien.

La voix éloignée de Mme Boivin se fit entendre :

— Viendrez-vous, à la fin ? Quand on vous dit que c'est prêt !

Nous allâmes vers la chaufferette.

Si le jardin se trouvait à l'ombre, la maison, par contre, se trouvait en plein soleil, et la seconde étuve du Hammam est moins chaude que la salle à manger de mon camarade.

Trois assiettes, flanquées de fourchettes en étain mal lavées, se collaient sur une table de bois jaune. Au milieu, un vase en terre contenait du bœuf bouilli, réchauffé avec des pommes de terre. On se mit à manger.

Une grande carafe pleine d'eau, légèrement teintée de rouge, me tirait l'œil. Boivin, confus, dit à sa femme :

— Dis donc, ma bonne, pour l'occasion, ne vas-tu pas donner un peu de vin pur ?

Elle le dévisagea furieusement.

— Pour que vous vous grisiez tous les deux, n'est-ce pas, et que vous restiez à gueuler chez moi toute la journée? Merci de l'occasion !

Il se tut. Après le ragoût, elle apporta un autre plat de pommes de terre accommodées avec du lard. Quand ce nouveau mets fut achevé, toujours en silence, elle déclara :

— C'est tout. Filez maintenant.

Boivin la contemplait, stupéfait.

— Mais le pigeon... le pigeon que tu plumais ce matin ?

Elle posa ses mains sur ses hanches :

— Vous n'en avez pas assez, peut-être. Parce que tu amènes des gens, ce n'est pas une raison pour dévorer tout ce qu'il y a dans la maison. Qu'est-ce que je mangerai, moi, ce soir ?

Nous nous levâmes. Boivin me coula dans l'oreille :

— Attends-moi une minute, et nous filons.

Puis il passa dans la cuisine où sa femme était rentrée. Et j'entendis :

— Donne-moi vingt sous, ma chérie.

— Qu'est-ce que tu veux faire, avec vingt sous?

— Mais on ne sait pas ce qui peut arriver. Il est toujours bon d'avoir de l'argent.

Elle hurla, pour être entendue de moi :

— Non, je ne te les donnerai pas! Puisque cet homme a déjeuné chez toi, c'est bien le moins qu'il paye tes dépenses de la journée.

Le père Boivin revint me prendre. Comme je voulais être poli, je m'inclinai devant la maîtresse du logis en balbutiant :

— Madame... remerciements... gracieux accueil...

Elle répondit :

— C'est bien. Mais n'allez pas me le ramener soûl, parce que vous auriez affaire à moi, vous savez !

Nous partîmes.

Il fallut traverser une plaine nue comme

une table, en plein soleil. Je voulus cueillir une plante le long du chemin et je poussai un cri de douleur. Ça m'avait fait un mal affreux dans la main. On appelle ces herbes-là des orties. Et puis ça puait le fumier partout, mais ça puait à vous tourner le cœur.

Boivin me disait :

— Un peu de patience, nous arrivons au bord de la rivière.

En effet, nous arrivâmes au bord de la rivière. Là, ça puait la vase et l'eau sale, et il vous tombait un tel soleil sur cette eau, que j'en avais les yeux brûlés.

Je priai Boivin d'entrer quelque part. Il me fit pénétrer dans une espèce de case pleine d'hommes, une taverne à matelots d'eau douce. Il me disait :

— Ça n'a pas d'apparence, mais on y est fort bien.

J'avais faim. Je fis apporter une omelette. Mais voilà que, dès le second verre de vin, ce gueux de Boivin perdit la tête et je compris pourquoi sa femme ne lui servait que de l'abondance.

Il pérora, se leva, voulut faire des tours de

force, se mêla en pacificateur à la querelle de deux ivrognes qui se battaient, et nous aurions été assommés tous les deux sans l'intervention du patron.

Je l'entraînai, en le soutenant comme on soutient les pochards, jusqu'au premier buisson, où je le déposai. Je m'étendis moi-même à son côté. Et il paraît que je m'endormis.

Certes, nous avons dormi longtemps, car il faisait nuit quand je me réveillai. Boivin ronflait à mon côté. Je le secouai. Il se leva, mais il était encore gris, un peu moins cependant.

Et nous voilà repartis, dans les ténèbres, à travers la plaine. Boivin prétendait retrouver sa route. Il me fit tourner à gauche, puis à droite, puis à gauche. On ne voyait ni ciel, ni terre, et nous nous trouvâmes perdus au milieu d'une espèce de forêt de pieux qui nous arrivaient à la hauteur du nez. Il paraît que c'était une vigne avec ses échalas. Pas un bec de gaz à l'horizon. Nous avons circulé là-dedans peut-être une heure ou deux, tournant, vacillant, étendant les bras, fous, sans trouver le bout, car nous devions toujours revenir sur nos pas.

A la fin, Boivin s'abattit sur un bâton qui lui déchira la joue, et sans s'émouvoir il demeura assis par terre, poussant de tout son gosier des « La-i-tou ! » prolongés et retentissants, pendant que je criais : « Au secours ! » de toute ma force, en allumant des allumettes-bougies pour éclairer les sauveteurs et pour me mettre du cœur au ventre.

Enfin, un paysan attardé nous entendit et nous remit dans notre route.

Je conduisis Boivin jusque chez lui. Mais comme j'allais le laisser sur le seuil de son jardin, la porte s'ouvrit brusquement et sa femme parut, une chandelle à la main. Elle me fit une peur affreuse.

Puis, dès qu'elle aperçut son mari, qu'elle devait attendre depuis la tombée du jour, elle hurla, en s'élançant vers moi :

— Ah ! canaille, je savais bien que vous le ramèneriez soûl !

Ma foi, je me sauvai, en courant jusqu'à la gare, et comme je pensais que la furie me poursuivait, je m'enfermai dans les water-closets, car un train ne devait passer qu'une demi-heure plus tard.

Voilà pourquoi je ne me suis jamais marié, et pourquoi je ne sors plus jamais de Paris.

L'ARMOIRE

L'ARMOIRE

On parlait de filles, après dîner, car de quoi parler, entre hommes ?

Un de nous dit :

— Tiens, il m'est arrivé une drôle d'histoire à ce sujet.

Et il conta.

— Un soir de l'hiver dernier, je fus pris soudain d'une de ces lassitudes désolées, accablantes, qui vous saisissent l'âme et le corps de temps en temps. J'étais chez moi, tout seul, et je sentis bien que si je demeurais ainsi j'allais avoir une effroyable crise de tristesse, de ces tristesses qui doivent mener au suicide quand elles reviennent souvent.

J'endossai mon pardessus, et je sortis sans savoir du tout ce que j'allais faire. Étant descendu jusqu'aux boulevards, je me mis à errer le long des cafés presque vides, car il pleuvait, il tombait une de ces pluies menues qui mouillent l'esprit autant que les habits, non pas une de ces bonnes pluies d'averse, s'abattant en cascade et jetant sous les portes cochères les passants essoufflés, mais une de ces pluies si fines qu'on ne sent point les gouttes, une de ces pluies humides qui déposent incessamment sur vous d'imperceptibles gouttelettes et couvrent bientôt les habits d'une mousse d'eau glacée et pénétrante.

Que faire? J'allais, je revenais, cherchant où passer deux heures, et découvrant pour la première fois qu'il n'y a pas un endroit de distraction, dans Paris, le soir. Enfin, je me décidai à entrer aux Folies-Bergère, cette amusante halle aux filles.

Peu de monde dans la grande salle. Le long promenoir en fer à cheval ne contenait que des individus de peu, dont la race commune apparaissait dans la démarche, dans le vêtement, dans la coupe des cheveux et de la barbe, dans le chapeau, dans le teint. C'est à peine si on apercevait de temps en temps, un homme qu'on devinât lavé, parfaitement lavé, et dont tout l'habillement eût un air d'ensemble. Quant aux filles, toujours les mêmes, les affreuses filles que vous connaissez, laides, fatiguées, pendantes, et allant de leur pas de chasse, avec cet air de dédain imbécile qu'elles prennent, je ne sais pourquoi.

Je me disais que vraiment pas une de ces créatures avachies, graisseuses plutôt que grasses, bouffies d'ici et maigres de là, avec des bedaines de chanoines et des jambes d'échassiers cagneux, ne valait le louis qu'elles obtiennent à grand'peine après en avoir demandé cinq.

Mais soudain j'en aperçus une petite qui me parut gentille, pas toute jeune, mais fraîche, drôlette, provocante. Je l'arrêtai, et bêtement, sans réfléchir, je fis mon prix, pour la nuit. Je ne voulais pas rentrer chez moi, seul, tout seul ; j'aimais encore mieux la compagnie et l'étreinte de cette drôlesse.

Et je la suivis. Elle habitait une grande, grande maison, rue des Martyrs. Le gaz était éteint déjà dans l'escalier. Je montai lentement, allumant d'instant en instant une allumette-bougie, heurtant les marches du pied, trébuchant et mécontent, derrière la jupe dont j'entendais le bruit devant moi.

Elle s'arrêta au quatrième étage, et ayant refermé la porte du dehors, elle demanda :

— Alors tu restes jusqu'à demain ?

— Mais oui. Tu sais bien que nous en sommes convenus.

— C'est bon, mon chat, c'était seulement pour savoir. Attends-moi ici une minute, je reviens tout à l'heure.

Et elle me laissa dans l'obscurité. J'entendis qu'elle fermait deux portes, puis il me sembla qu'elle parlait. Je fus surpris, inquiet. L'idée d'un souteneur m'effleura. Mais j'ai des poings et des reins solides. « Nous verrons bien », pensai-je.

J'écoutai de toute l'attention de mon oreille et de mon esprit. On remuait, on marchait, doucement, avec de grandes précautions. Puis une autre porte fut ouverte, et il me sembla bien que j'entendais encore parler, mais tout bas.

Elle revint, portant une bougie allumée :

— Tu peux entrer, dit-elle.

Ce tutoiement était une prise de possession. J'entrai, et après avoir traversé une salle à manger où il était visible qu'on ne mangeait jamais, je pénétrai dans la chambre de toutes les filles, la chambre meublée, avec des rideaux de reps, et l'édredon de soie ponceau tigré de taches suspectes.

Elle reprit :

— Mets-toi à ton aise, mon chat.

J'inspectais l'appartement d'un œil soupçonneux. Rien cependant ne me paraissait inquiétant.

Elle se déshabilla si vite qu'elle fut au lit avant que j'eusse ôté mon pardessus. Elle se mit à rire :

— Eh bien, qu'est-ce que tu as. Es-tu changé en statue de sel ? Voyons, dépêche-toi.

Je l'imitai et je la rejoignis.

Cinq minutes plus tard j'avais une envie folle de me rhabiller et de partir. Mais cette lassitude accablante qui m'avait saisi chez moi, me retenait, m'enlevait toute force pour remuer, et je restais malgré le dégoût qui me prenait dans ce lit public. Le charme sensuel que j'avais cru voir en cette créature, là-bas, sous les lustres du théâtre, avait disparu entre mes bras, et je n'avais plus contre moi, chair à chair, que la fille vulgaire, pareille à toutes, dont le baiser indifférent et complaisant avait un arrière goût d'ail.

Je me mis à lui parler.

— Y a-t-il longtemps que tu habites ici, lui dis-je.

— Voilà six mois passés au 15 janvier.

— Où étais-tu, avant ça?

— J'étais rue Clauzel. Mais la concierge m'a fait des misères et j'ai donné congé.

Et elle se mit à me raconter une interminable histoire de portière qui avait fait des potins sur elle.

Mais tout à coup j'entendis remuer tout près de nous. Ça avait été d'abord un soupir, puis un bruit léger, mais distinct, comme si quelqu'un s'était retourné sur une chaise.

Je m'assis brusquement dans le lit, et je demandai :

— Qu'est-ce que ce bruit-là ?

Elle répondit avec assurance et tranquillité :

— Ne t'inquiète pas, mon chat, c'est la voisine. La cloison est si mince qu'on entend tout comme si c'était ici. En voilà des sales boîtes. C'est en carton.

Ma paresse était si forte que je me renfonçai sous les draps. Et nous nous remîmes à causer. Harcelé par la curiosité bête qui pousse tous les hommes à interroger ces créatures sur leur première aventure, à vouloir lever le voile de leur première faute, comme pour trouver en elles une trace lointaine d'innocence, pour les aimer peut-être dans le [souvenir rapide, évoqué par un mot vrai, de leur candeur et de leur pudeur d'autrefois, je la pressai de questions sur ses premiers amants.

Je savais qu'elle mentirait. Qu'importe ? Parmi tous ces mensonges je découvrirais peut-être une chose sincère et touchante.

— Voyons, dis-moi qui c'était.

— C'était un canotier, mon chat.

— Ah ! Raconte-moi. Où étiez-vous ?

— J'étais à Argenteuil.

— Qu'est-ce que tu faisais ?

— J'étais bonne dans un restaurant.
— Quel restaurant?
— Au *Marin d'eau douce.* Le connais-tu?
— Parbleu, chez Bonanfan.
— Oui, c'est ça.
— Et comment t'a-t-il fait la cour, ce canotier?
— Pendant que je faisais son lit. Il m'a forcée.

Mais brusquement je me rappelai la théorie d'un médecin de mes amis, un médecin observateur et philosophe qu'un service constant dans un grand hôpital met en rapports quotidiens avec des filles-mères et des filles publiques, avec toutes les hontes et toutes les misères des femmes, des pauvres femmes devenues la proie affreuse du mâle errant avec de l'argent dans sa poche.

— Toujours, me disait-il, toujours une fille est débauchée par un homme de sa classe et de sa condition. J'ai des volumes d'observations là-dessus. On accuse les riches de cueillir la fleur d'innocence des enfants du peuple. Ça n'est pas vrai. Les riches payent le bouquet cueilli! Ils en cueillent aussi, mais sur les secondes floraisons; ils ne les coupent jamais sur la première.

Alors me tournant vers ma compagne, je me mis à rire.

— Tu sais que je la connais, ton histoire. Ce n'est pas le canotier qui t'as connue le premier.

— Oh! si, mon chat, je te le jure.

— Tu mens, ma chatte.

— Oh! non, je te promets!

— Tu mens. Allons, dis-moi tout.

Elle semblait hésiter, étonnée.

Je repris :

— Je suis sorcier, ma belle enfant, je suis somnambule. Si tu ne me dis pas la vérité, je vais t'endormir et je la saurai.

Elle eut peur, étant stupide comme ses pareilles. Elle balbutia :

— Comment l'as-tu deviné?

Je repris.

— Allons, parle.

— Oh! la première fois, ça ne fut presque rien. C'était à la fête du pays. On avait fait venir un chef d'extra, M. Alexandre. Dès qu'il est arrivé, il a fait tout ce qu'il a voulu dans la maison. Il commandait à tout le monde, au patron, à la patronne, comme s'il avait été un roi... C'était un grand bel homme qui ne tenait pas en place devant son fourneau. Il criait toujours: « Allons, du beurre, — des œufs, — du madère. » Et il fallait lui apporter ça tout de suite en courant, ou bien il se fâchait et il vous en disait à vous faire rougir jusque sous les jupes.

Quand la journée fut finie, il se mit à fumer sa pipe devant la porte. Et comme je passais contre lui avec une pile d'assiettes, il me dit comme ça : « Allons, la gosse, viens-t'en jusqu'au bord de l'eau pour me montrer le pays ? » Moi j'y allai, comme une sotte; et à peine que nous avons été sur la rive, il m'a forcée si vite, que je n'ai pas même su ce qu'il faisait. Et puis il est parti par le train de neuf heures. Je ne l'ai pas revu, après ça.

Je demandai :

— C'est tout?

Elle bégaya :

— Oh ! je crois bien que c'est à lui Florentin ?

— Qui ça, Florentin !

— C'est mon petit!

— Ah ! très bien. Et tu as fait croire au canotier qu'il en était le père, n'est-ce pas ?

— Pardi ?

— Il avait de l'argent, le canotier ?

— Oui, il m'a laissé une rente de trois cents francs sur la tête de Florentin.

Je commençais à m'amuser. Je repris :

— Très bien ma fille, c'est très bien. Vous êtes toutes moins bêtes qu'on ne croit, tout de même. Et quel âge a-t-il, Florentin, maintenant?

Elle reprit :

— V'la qu'il a douze ans. Il fera sa première communion au printemps.

— C'est parfait, et depuis ça, tu fais ton métier en conscience.

Elle soupira, résignée :

— On fait ce qu'on peut...

Mais un grand bruit, parti de la chambre même, me fit sauter du lit d'un bond, le bruit d'un corps tombant et se relevant avec des tâtonnements de mains sur un mur.

J'avais saisi la bougie et je regardais autour de moi, effaré et furieux. Elle s'était levée aussi, essayant de me retenir, de m'arrêter en murmurant :

— Ça n'est rien, mon chat, je t'assure que ça n'est rien.

Mais, j'avais découvert, moi, de quel côté était parti ce bruit étrange. J'allai droit vers une porte cachée à la tête de notre lit et je l'ouvris brusquement... et j'aperçus, tremblant, ouvrant sur moi des yeux effarés et brillants, un pauvre petit garçon pâle et maigre assis à côté d'une grande chaise de paille, d'où il venait de tomber.

Dès qu'il m'aperçut, il se mit à pleurer, et ouvrant les bras vers sa mère :

— Ça n'est pas ma faute, maman, ça n'est pas ma faute. Je m'étais endormi et j'ai tombé. Faut pas me gronder, ça n'est pas ma faute.

Je me retournai vers la femme. Et je prononçai :

— Qu'est-ce que ça veut dire?

Elle semblait confuse et désolée. Elle articula, d'une voix entrecoupée :

— Qu'est-ce que tu veux ? Je ne gagne pas assez pour le mettre en pension, moi! Il faut bien que je le garde, et je n'ai pas de quoi me payer une chambre de plus, pardi. Il couche avec moi quand j'ai personne. Quand on vient pour une heure ou deux, il peut bien rester dans l'armoire, il se tient tranquille; il connaît ça. Mais quand on reste toute la nuit, comme toi, ça lui fatigue les reins de dormir sur une chaise, à cet enfant... Ça n'est pas sa faute non plus... Je voudrais bien t'y voir, toi... dormir toute la nuit sur une chaise... Tu m'en dirais des nouvelles...

Elle se fâchait, s'animait, criait.

L'enfant pleurait toujours. Un pauvre enfant chétif et timide, oui, c'était bien l'enfant de l'armoire, de l'armoire froide et sombre, l'enfant qui revenait de temps en temps reprendre un peu de chaleur dans la couche un instant vide.

Moi aussi, j'avais envie de pleurer.

Et je rentrai coucher chez moi.

LA CHAMBRE 11

LA CHAMBRE 11

— Comment ! vous ne savez pas pourquoi on a déplacé M. le premier président Amandon ?

— Non, pas du tout.

— Lui non plus, d'ailleurs, ne l'a jamais su. Mais c'est une histoire des plus bizarres.

— Contez-la moi.

— Vous vous rappelez bien Mme Amandon, cette jolie petite brune maigre, si distinguée et fine qu'on appelait Madame Marguerite dans tout Perthuis-le-Long.

— Oui, parfaitement.

— Eh bien, écoutez. Vous vous rappelez aussi comme elle était respectée, considérée, aimée mieux que personne dans la ville ; elle savait recevoir, organiser une fête ou une œuvre de bienfaisance, trouver de l'argent pour les pauvres et distraire les jeunes gens par mille moyens.

Elle était fort élégante et fort coquette, cependant, mais d'une coquetterie platonique et d'une élégance charmante de province, car c'était une provinciale cette petite femme-là, une provinciale exquise.

Messieurs les écrivains qui sont tous parisiens nous chantent la Parisienne sur tous les tons, parce qu'ils ne connaissent qu'elle, mais je déclare, moi, que la provinciale vaut cent fois plus, quand elle est de qualité supérieure.

La provinciale fine a une allure toute particulière, plus discrète que celle de la Parisienne, plus humble, qui ne promet rien et donne beaucoup, tandis que la Parisienne, la plupart du temps, promet beaucoup et ne donne rien au déshabillé.

La Parisienne, c'est le triomphe élégant et effronté du faux. La provinciale, c'est la modestie du vrai.

Une petite provinciale délurée, avec son air de bourgeoise alerte, sa candeur trompeuse de pensionnaire, son sourire qui ne dit rien, et ses bonnes petites passions adroites, mais tenaces, doit montrer mille fois plus de ruse, de souplesse, d'invention féminine que toutes les Parisiennes réunies, pour arriver à satisfaire ses goûts, ou ses vices, sans éveiller aucun soupçon, aucun potin, aucun scandale dans la petite ville qui la regarde avec tous ses yeux et toutes ses fenêtres.

Mme Amandon était un type de cette race rare, mais charmante. Jamais on ne l'avait suspectée, jamais on n'aurait pensé que sa vie n'était pas limpide comme son regard, un regard marron, transparent et chaud, mais si honnête — vas y voir !

Donc, elle avait un truc admirable, d'une invention géniale, d'une ingéniosité merveilleuse et d'une incroyable simplicité.

Elle cueillait tous ses amants dans l'armée, et les gardait trois ans, le temps de leur séjour dans la garnison. — Voilà. — Elle n'avait pas d'amour, elle avait des sens.

Dès qu'un nouveau régiment arrivait à Perthuis-le-Long, elle prenait des renseignements sur tous les officiers entre trente et quarante ans — car avant trente ans on n'est pas encore discret. Après quarante ans, on faiblit souvent.

Oh! elle connaissait les cadres aussi bien que le colonel. Elle savait tout, tout, les habitudes intimes, l'instruction, l'éducation, les qualités physiques, la résistance à la fatigue, le caractère patient ou violent, la fortune, la tendance à l'épargne ou à la prodigalité. Puis elle faisait son choix. Elle prenait de préférence les hommes d'allure calme, comme elle, mais elle les voulait beaux. Elle voulait encore qu'ils n'eussent aucune liaison connue, aucune passion ayant pu laisser des traces ou ayant fait quelque bruit. Car l'homme dont on cite les amours n'est jamais un homme bien discret.

Après avoir distingué celui qui l'aimerait pendant les trois ans de séjour réglementaire, il restait à lui jeter le mouchoir.

Que de femmes se seraient trouvées embarrassées, auraient pris les moyens ordinaires, les voies suivies par toutes, se seraient fait faire la cour en marquant toutes les étapes de la conquête et de la résistance, en laissant un jour baiser les doigts, le lendemain le poignet, le jour suivant la joue, et puis la bouche, et puis le reste.

Elle avait une méthode plus prompte, plus discrète et plus sûre. Elle donnait un bal.

L'officier choisi invitait à danser la maîtresse de la maison. Or, en valsant, entraînée par le mouvement rapide, étourdie par l'ivresse de la danse, elle se serrait contre lui comme pour se donner, et lui étreignait la main d'une pression nerveuse et continue.

S'il ne comprenait pas, ce n'était qu'un sot, et elle passait au suivant, classé au numéro deux dans les cartons de son désir.

S'il comprenait, c'était une chose faite, sans tapage, sans galanteries compromettantes, sans visites nombreuses.

Quoi de plus simple et de plus pratique?

Comme les femmes devraient user d'un procédé semblable pour nous faire comprendre que nous leur plaisons! Combien cela supprimerait de difficultés, d'hésitations, de paroles, de mouvements, d'inquiétudes, de trouble, de malentendus. Combien souvent nous passons à côté d'un bonheur possible, sans nous en douter, car qui peut pénétrer le mystère des pensées, les abandons secrets de la volonté, les appels muets de la chair, tout l'inconnu d'une âme de femme, dont la bouche reste silencieuse, l'œil impénétrable et clair.

Dès qu'il avait compris, il lui demandait un rendez-vous. Et elle le faisait toujours attendre un mois ou six semaines, pour l'épier, le connaître et se garder s'il avait quelque défaut dangereux.

Pendant ce temps, il se creusait la tête pour savoir où ils pourraient se rencontrer sans péril, il imaginait des combinaisons difficiles et peu sûres.

Puis, dans quelque fête officielle, elle lui disait tout bas :

— Allez, mardi soir, à neuf heures, à l'hôtel du *Cheval d'Or* près des remparts, route de Vouziers, et demandez mademoiselle Clarisse. Je vous attendrai, surtout soyez en civil.

Depuis huit ans, en effet, elle avait une chambre meublée à l'année dans cette auberge inconnue. C'était une idée de son premier amant qu'elle avait trouvée pratique, et l'homme parti, elle garda le nid.

Oh! un nid médiocre, quatre murs tapissés de papier gris clair à fleurs bleues, un lit de sapin, sous des rideaux de mousseline, un fauteuil acheté par les soins de l'aubergiste, sur son ordre, deux chaises, une descente de lit, et les quelques vases nécessaires pour la toilette! Que fallait-il de plus?

Sur les murs, trois grandes photographies. Trois colonels à cheval; les colonels de ses amants! Pourquoi? Ne pouvant garder l'image même, le souvenir direct, elle avait peut-être voulu conserver ainsi des souvenirs par ricochet?

Et elle n'avait jamais été reconnue par personne dans toutes ses visites au *Cheval d'Or*, direz-vous?

Jamais! Par personne!

Le moyen employé par elle était admirable

et simple. Elle avait imaginé et organisé des séries de réunions de bienfaisance et de piété auxquelles elle allait souvent et auxquelles elle manquait parfois. Le mari, connaissant ses œuvres pieuses, qui lui coûtaient fort cher, vivait sans soupçons.

Donc, une fois le rendez-vous convenu, elle disait, en dînant, devant les domestiques :

— Je vais ce soir à l'Association des ceintures de flanelle pour les vieillards paralytiques.

Et elle sortait vers huit heures, entrait à l'Association, en ressortait aussitôt, passait par diverses rues, et, se trouvant seule dans quelque ruelle, dans quelque coin sombre et sans quinquet, elle enlevait son chapeau, le remplaçait par un bonnet de bonne apporté sous son mantelet, dépliait un tablier blanc dissimulé de la même façon, le nouait autour de sa taille, et portant dans une serviette son chapeau de ville et le vêtement qui tout à l'heure lui couvrait les épaules, elle s'en allait trottinant, hardie, les hanches découvertes, petite bobonne qui fait une commission; et quelquefois même elle courait comme si elle eût été fort pressée.

Qui donc aurait reconnu dans cette servante mince et vive madame la première présidente Amandon ?

Elle arrivait au *Cheval d'Or*, montait à sa chambre dont elle avait la clef; et le gros patron, maître Trouveau, la voyant passer de son comptoir, murmurait :

— V'là mamzelle Clarisse qui va t'à ses amours.

Il avait bien deviné quelque chose, le gros malin, mais il ne cherchait pas à en savoir davantage, et certes il a été bien surpris en apprenant que sa cliente était madame Amandon, madame Marguerite, comme on disait dans Perthuis-le-Long.

Or, voici comment l'horrible découverte eut lieu.

Jamais mademoiselle Clarisse ne venait à ses rendez-vous deux soirs de suite, jamais,

jamais, étant trop fine et trop prudente pour cela. Et maître Trouveau le savait bien, puisque pas une fois, depuis huit ans, il ne l'avait vue arriver le lendemain d'une visite. Souvent même, dans les jours de presse, il avait disposé de la chambre pour une nuit.

Or, pendant l'été dernier, M. le Premier Amandon s'absenta pendant une semaine. On était en juillet; madame avait des ardeurs, et comme on ne pouvait pas craindre d'être surpris, elle demanda à son amant le beau commandant de Varangelles, un mardi soir, en le quittant, s'il voulait la revoir le lendemain, il répondit :

— Comment donc !

Et il fut convenu qu'ils se retrouveraient à l'heure ordinaire le mercredi. Elle dit tout bas :

— Si tu arrives le premier, mon chéri, tu te coucheras pour m'attendre.

Ils s'embrassèrent, puis se séparèrent.

Or, le lendemain, vers dix heures, comme maître Trouveau lisait les *Tablettes de Perthuis*, organe républicain de la ville, il cria, de loin, à sa femme, qui plumait une volaille dans la cour :

— Voilà le choléra dans le pays. Il est mort un homme hier à Vauvigny.

Puis il n'y pensa plus, son auberge étant pleine de monde, et les affaires allant fort bien.

Vers midi, un voyageur se présenta, à pied, une espèce de touriste, qui se fit servir un bon déjeuner, après avoir bu deux absinthes. Et comme il faisait fort chaud, il absorba un litre de vin, et deux litres d'eau, au moins.

Il prit ensuite son café, son petit verre, ou plutôt, trois petits verres. Puis, se sentant un peu lourd il demanda une chambre pour dormir une heure ou deux. Il n'y en avait plus une seule de libre, et le patron, ayant consulté sa femme, lui donna celle de Mlle Clarisse.

L'homme y entra, puis, vers cinq heures, comme on ne l'avait pas vu ressortir, le patron alla le réveiller !

Quel étonnement, il était mort !

L'aubergiste redescendit trouver sa femme :

— Dis donc, l'artiste que j'avais mis dans la chambre onze, je crois bien qu'il est mort.

Elle leva les bras :

— Pas possible ! Seigneur Dieu. C'est-il le choléra ?

Maître Trouveau secoua la tête :

— Je croirais plutôt à une *contagion* cérébrale vu qu'il est noir comme la lie de vin.

Mais la bourgeoise effarée, répétait :

— Faut pas le dire, faut pas le dire, on croirait au choléra. Va faire tes déclarations et ne parle pas. On l'emportera t'a la nuit pour n'être point vus. Et ni vu ni connu, je t'embrouille.

L'homme murmura :

— Mamzelle Clarisse est v'nue hier, la chambre est libre ce soir.

Et il alla chercher le médecin qui constata le décès, par congestion après un repas copieux. Puis il fut convenu avec le commissaire de police qu'on enlèverait le cadavre vers minuit, afin qu'on ne soupçonnât rien dans l'hôtel.

Il était neuf heures à peine, quand M^mr Amandon pénétra furtivement dans l'escalier du *Cheval d'Or*, sans être vue par personne, ce jour-là. Elle gagna sa chambre, ouvrit la porte, entra. Une bougie brûlait sur la cheminée. Elle se tourna vers le lit. Le commandant était couché, mais il avait fermé les rideaux.

Elle prononça :

— Une minute, mon chéri, j'arrive.

Et elle se dévêtit avec une brusquerie fiévreuse, jetant ses bottines par terre et son corset sur le fauteuil. Puis sa robe noire et ses jupes dénouées étant tombées en cercle autour d'elle, elle se dressa, en chemise de soie rouge, ainsi qu'une fleur qui vient d'éclore.

Comme le commandant n'avait point dit un mot, elle demanda :

— Dors-tu, mon gros ?

Il ne répondit pas, et elle se mit à rire en murmurant :

— Tiens, il dort, c'est trop drôle !

Elle avait gardé ses bas, des bas de soie noire à jour, et, courant au lit, elle se glissa dedans avec rapidité, en saisissant à pleins bras et en baisant à pleines lèvres, pour le réveiller brusquement, le cadavre glacé du voyageur !

Pendant une seconde, elle demeura immobile, trop effarée pour rien comprendre. Mais le froid de cette chair inerte fit pénétrer dans la sienne une épouvante atroce et irraisonnée avant que son esprit eût pu commencer à réfléchir.

Elle avait fait un bond hors du lit, frémissant de la tête aux pieds; puis, courant à la cheminée, elle saisit la bougie, revint et regarda! Et elle aperçut un visage affreux qu'elle ne connaissait point, noir, enflé, les yeux clos, avec une grimace horrible de la mâchoire.

Elle poussa un cri, un de ces cris aigus et interminables que jettent les femmes dans leurs affolements, et, laissant tomber sa bougie, elle ouvrit la porte, s'enfuit, nue, par le couloir en continuant à hurler d'une façon épouvantable.

Un commis-voyageur en chaussettes, qui occupait la chambre n° 4, sortit aussitôt et la reçut dans ses bras.

Il demanda, effaré :

— Qu'est-ce qu'il y a, belle enfant ?

Elle balbutia, éperdue :

— On... on... on... a tué quelqu'un... dans... dans ma chambre...

D'autres voyageurs apparaissaient. Le patron lui-même accourut.

Et tout à coup le commandant montra sa haute taille au bout du corridor.

Dès qu'elle l'aperçut, elle se jeta vers lui en criant :

— Sauvez-moi, sauvez-moi, Gontran... On a tué quelqu'un dans notre chambre.

Les explications furent difficiles. M. Trouveau, cependant, raconta la vérité et demanda qu'on relâchât immédiatement Mamzelle Clarisse, dont il répondait sur sa tête. Mais le commis-voyageur en chaussettes, ayant examiné le cadavre, affirma qu'il y avait crime, et il décida les autres voyageurs à empêcher qu'on laissât partir Mamzelle Clarisse et son amant.

Ils durent attendre l'arrivée du commissaire de police, qui leur rendit la liberté, mais qui ne fut pas discret.

Le mois suivant, M. le Premier Amandon recevait un avancement avec une nouvelle résidence.

LES PRISONNIERS

LES
PRISONNIERS

Aucun bruit dans la forêt que le frémissement léger de la neige tombant sur les arbres. Elle tombait depuis midi, une petite neige fine qui poudrait les branches d'une mousse glacée qui jetait sur les feuilles mortes des fourrés un léger toit d'argent, étendait par les chemins un immense tapis moelleux et blanc, et qui épaississait le silence illimité de cet océan d'arbres.

Devant la porte de la maison forestière, une jeune femme, les bras nus, cassait du bois à coups de hache sur une pierre. Elle était grande, mince et forte, une fille des forêts, fille et femme de forestiers.

Une voix cria de l'intérieur de la maison :

— Nous sommes seules, ce soir, Berthine, faut rentrer, v'là la nuit, y a p't-être bien des Prussiens et des loups qui rôdent.

La bûcheronne répondit en fendant une souche à grands coups qui redressaient sa poitrine à chaque mouvement pour lever les bras.

— J'ai fini, m'man. Me v'là, me v'là, y a pas de crainte; il fait encore jour.

Puis elle rapporta ses fagots et ses bûches et les entassa le long de la cheminée, ressortit pour fermer les auvents, d'énormes auvents en cœur de chêne, et, rentrée enfin, elle poussa les lourds verrous de la porte.

Sa mère filait auprès du feu, une vieille ridée que l'âge avait rendue craintive :

— J'aime pas, dit-elle, quand le père est dehors. Deux femmes ça n'est pas fort.

La jeune répondit :

— Oh! je tuerais ben un loup ou un Prussien tout de même.

Et elle montrait de l'œil un gros revolver suspendu au-dessus de l'âtre.

Son homme avait été incorporé dans l'armée au commencement de l'invasion prussienne, et les deux femmes étaient demeurées seules avec le père, le vieux garde Nicolas Pichon, dit l'Échasse, qui avait refusé obstinément de quitter sa demeure pour rentrer à la ville.

La ville prochaine, c'était Rethel, ancienne place forte perchée sur un rocher. On y était patriote, et les bourgeois avaient décidé de résister aux envahisseurs, de s'enfermer chez eux et de soutenir un siège selon la tradition de la cité. Deux fois déjà, sous Henri IV et sous Louis XIV, les habitants de Rethel s'étaient illustrés par des défenses héroïques. Ils en feraient autant cette fois, ventrebleu! ou bien on les brûlerait dans leurs murs.

Donc, ils avaient acheté des canons et des fusils, équipé une milice, formé des bataillons et des compagnies, et ils s'exerçaient tout le jour sur la place d'Armes. Tous, boulangers, épiciers, bouchers, notaires, avoués, menuisiers, libraires, pharmaciens eux-mêmes, manœuvraient à tour de rôle, à des heures régulières, sous les ordres de M. Lavigne, ancien sous-officier de dragons, aujourd'hui mercier, ayant épousé la fille et hérité de la boutique de M. Ravaudan, l'aîné.

Il avait pris le grade de commandant-major de la place, et tous les jeunes hommes étant partis à l'armée, il avait enrégimenté tous les autres qui s'entrainaient pour la résistance. Les gros n'allaient plus par les rues qu'au pas gymnastique pour fondre leur graisse et prolonger leur haleine, les faibles portaient des fardeaux pour fortifier leurs muscles.

Et on attendait les Prussiens. Mais les Prussiens ne paraissaient pas. Ils n'étaient pas loin, cependant; car deux fois déjà leurs éclaireurs avaient poussé à travers bois jusqu'à la maison forestière de Nicolas Pichon, dit l'Échasse.

Le vieux garde, qui courait comme un renard, était venu prévenir la ville. On avait pointé les canons, mais l'ennemi ne s'était point montré.

Le logis de l'Échasse servait de poste avancé dans la forêt d'Aveline. L'homme, deux fois par semaine, allait aux provisions et apportait aux bourgeois citadins des nouvelles de la campagne.

Il était parti ce jour-là pour annoncer qu'un petit détachement d'infanterie allemande s'était arrêté chez lui l'avant-veille, vers deux heures de l'après-midi, puis était reparti presque aussitôt. Le sous-officier qui commandait parlait français.

Quand il s'en allait ainsi, le vieux, il emmenait ses deux chiens, deux molosses à gueule de lion, par crainte des loups qui commençaient à devenir féroces, et il laissait ses deux femmes en leur recommandant de se barricader dans la maison dès que la nuit approcherait.

La jeune n'avait peur de rien, mais la vieille tremblait toujours et répétait :

— Ça finira mal, tout ça, vous verrez que ça finira mal.

Ce soir-là, elle était encore plus inquiète que de coutume :

— Sais-tu à quelle heure rentrera le père ? dit-elle.

— Oh ! pas avant onze heures, pour sûr. Quand il dîne chez le commandant, il rentre toujours tard.

Et elle accrochait sa marmite sur le feu pour faire la soupe, quand elle cessa de remuer, écoutant un bruit vague qui lui était parvenu par le tuyau de la cheminée.

Elle murmura :

— V'là qu'on marche dans le bois, y a ben sept-huit hommes, au moins.

La mère, effarée, arrêta son rouet en balbutiant :

— Oh ! mon Dieu ! et le père qu'est pas là !

Elle n'avait point fini de parler que des coups violents firent trembler la porte.

Comme les femmes ne répondaient point, une voix forte et gutturale cria :

— Oufrez !

Puis, après un silence, la même voix reprit :

— Oufrez ou che gasse la borte !

Alors Berthine glissa dans la poche de sa jupe le gros revolver de la cheminée, puis, étant venue coller son oreille contre l'huis, elle demanda :

— Qui êtes-vous ?

La voix répondit :

— Che suis le tétachement de l'autre chour.

La jeune femme reprit :

— Qu'est-ce que vous voulez ?

— Che suis berdu tepuis ce matin, tans le pois, avec mon tétachement. Oufrez ou che gasse la borte.

La forestière n'avait pas le choix ; elle fit glisser vivement le gros verrous, puis tirant le lourd battant, elle aperçut dans l'ombre pâle des neiges, six hommes, six soldats prussiens, les mêmes qui étaient venus la veille. Elle prononça d'un ton résolu :

— Qu'est-ce que vous venez faire à cette heure-ci ?

Le sous-officier répéta :

— Che suis berdu, tout à fait berdu, ché regonnu la maison. Che n'ai rien manché tepuis ce matin, mon tétachement non blus.

Berthine déclara :

— C'est que je suis toute seule avec maman, ce soir.

Le soldat, qui paraissait un brave homme, répondit :

— Ça ne fait rien. Che ne ferai bas de mal, mais fous nous ferez à mancher. Nous dombons te faim et te fatigue.

La forestière se recula :

— Entrez, dit-elle.

Ils entrèrent, poudrés de neige, portant sur leurs casques une sorte de crème mousseuse qui les faisait ressembler à des meringues, et ils paraissaient las, exténués.

La jeune femme montra les bancs de bois des deux côtés de la grande table.

— Asseyez-vous, dit-elle, je vais vous faire de la soupe. C'est vrai que vous avez l'air rendus.

Puis elle referma les verrous de la porte.

Elle remit de l'eau dans sa marmite, y jeta de nouveau du beurre et des pommes de terre, puis décrochant un morceau de lard pendu dans la cheminée, elle en coupa la moitié qu'elle plongea dans le bouillon.

Les six hommes suivaient de l'œil tous ses

mouvements avec une faim éveillée dans leurs yeux. Ils avaient posé leurs fusils et leurs casques dans un coin, et ils attendaient, sages comme des enfants sur les bancs d'une école.

La mère s'était remise à filer en jetant à tout moment des regards éperdus sur les soldats envahisseurs. On n'entendait rien autre chose que le ronflement léger du rouet et le crépitement du feu, et le murmure de l'eau qui s'échauffait.

Mais soudain un bruit étrange les fit tous tressaillir, quelque chose comme un souffle rauque poussé sous la porte, un souffle de bête, fort et ronflant.

Le sous-officier allemand avait fait un bond vers les fusils. La forestière l'arrêta d'un geste, et, souriante :

— C'est les loups, dit-elle. Ils sont comme vous, ils rôdent et ils ont faim.

L'homme incrédule voulut voir, et sitôt que le battant fut ouvert, il aperçut deux grandes bêtes grises qui s'enfuyaient d'un trot rapide et allongé.

Il revint s'asseoir en murmurant :

— Ché n'aurais pas gru.

Et il attendit que sa pâtée fût prête.

Ils la mangèrent voracement, avec des bouches fendues jusqu'aux oreilles pour en avaler davantage, des yeux ronds s'ouvrant en même temps que les mâchoires, et des bruits de gorge pareils à des glouglous de gouttières.

Les deux femmes, muettes, regardaient les rapides mouvements des grandes barbes rouges; et les pommes de terre avaient l'air de s'enfoncer dans ces toisons mouvantes.

Mais comme ils avaient soif, la forestière descendit à la cave leur tirer du cidre. Elle y resta longtemps ; c'était un petit caveau voûté qui, pendant la révolution, avait servi de prison et de cachette, disait-on. On y parvenait au moyen d'un étroit escalier tournant fermé par une trappe au fond de la cuisine.

Quand Berthine reparut, elle riait, elle riait toute seule, d'un air sournois. Et elle donna aux Allemands sa cruche de boisson.

Puis elle soupa aussi, avec sa mère, à l'autre bout de la cuisine.

Les soldats avaient fini de manger, et ils

s'endormaient tous les six, autour de la table. De temps en temps un front tombait sur la planche avec un bruit sourd, puis l'homme, réveillé brusquement, se redressait.

Berthine dit au sous-officier :

— Couchez-vous devant le feu, pardi, y a bien d'la place pour six. Moi je grimpe à ma chambre avec maman.

Et les deux femmes montèrent au premier étage. On les entendit fermer leur porte à clef, marcher quelque temps; puis elles ne firent plus aucun bruit.

Les Prussiens s'étendirent sur le pavé, les pieds au feu, la tête supportée par leurs manteaux roulés, et ils ronflèrent bientôt tous les six sur six tons divers, aigus ou sonores, mais continus et formidables.

Ils dormaient certes depuis longtemps déjà quand un coup de feu retentit, si fort, qu'on l'aurait cru tiré contre les murs de la maison. Les soldats se dressèrent aussitôt. Mais deux nouvelles détonations éclatèrent, suivies de trois autres encore.

La porte du premier s'ouvrit brusquement, et la forestière parut, nu-pieds, en chemise, en jupon court, une chandelle à la main, l'air affolé. Elle balbutia :

— V'là les Français, ils sont au moins deux cents. S'ils vous trouvent ici, ils vont brûler la maison. Descendez dans la cave bien vite, et faites pas de bruit. Si vous faites du bruit, nous sommes perdus.

Le sous-officier, effaré, murmura :

— Che feux pien, che feux pien. Par où faut-il tescendre?

La jeune femme souleva avec précipitation la trappe étroite et carrée, et les six hommes disparurent par le petit escalier tournant, s'enfonçant dans le sol l'un après l'autre, à reculons, pour bien tâter les marches du pied.

Mais quand la pointe du dernier casque eut disparu, Berthine rabattant la lourde planche de chêne, épaisse comme un mur, dure comme de l'acier, maintenue par des charnières et une serrure de cachot, donna deux longs tours de clef, puis elle se mit à rire, d'un rire muet et ravi, avec une envie folle de danser sur la tête de ses prisonniers.

Ils ne faisaient aucun bruit, enfermés là-dedans comme dans une boîte solide, une boîte de pierre, ne recevant que l'air d'un soupirail garni de barres de fer.

Berthine aussitôt ralluma son feu, remit dessus sa marmite, et refit de la soupe en murmurant :

— Le père s'ra fatigué cette nuit.

Puis elle s'assit et attendit. Seul, le balancier sonore de l'horloge, promenait dans le silence son tic-tac régulier.

De temps en temps la jeune femme jetait un regard sur le cadran, un regard impatient qui semblait dire :

— Ça ne va pas vite.

Mais bientôt il lui sembla qu'on murmurait sous ses pieds. Des paroles basses, confuses lui parvenaient à travers la voûte maçonnée de la cave. Les Prussiens commençaient à deviner sa ruse, et bientôt le sous-officier remonta le petit escalier et vint heurter du poing la trappe. Il cria de nouveau :

— Oufrez.

Elle se leva, s'approcha et, imitant son accent :

— Qu'est-ce que fous foulez?

— Oufrez.

— Che n'oufre bas.

L'homme se fâchait.

— Oufrez ou che gasse la borte.

Elle se mit à rire :

— Casse, mon bonhomme, casse, mon bonhomme.

Et il commença à frapper avec la crosse de son fusil contre la trappe de chêne, fermée sur sa tête. Mais elle aurait résisté à des coups de catapulte.

La forestière l'entendit redescendre. Puis les soldats vinrent, l'un après l'autre, essayer leur force, et inspecter la fermeture. Mais, jugeant sans doute leurs tentatives inutiles, ils redescendirent tous dans la cave et recommencèrent à parler entre eux.

La jeune femme les écoutait, puis elle alla ouvrir la porte du dehors et elle tendit l'oreille dans la nuit.

Un aboiement lointain lui parvint. Elle se mit à siffler comme aurait fait un chasseur, et, presque aussitôt, deux énormes chiens surgirent dans l'ombre et bondirent sur elle en gambadant. Elle les saisit par le cou et les maintint pour les empêcher de courir. Puis elle cria de toute sa force :

— Ohé père?

Une voix répondit, très éloignée encore :

— Ohé Berthine.

Elle attendit quelques secondes, puis reprit :

— Ohé père.

La voix plus proche répéta :

— Ohé Berthine.

La forestière reprit :

— Passe pas devant le soupirail. Y a des Prussiens dans la cave.

Et brusquement la grande silhouette de l'homme se dessina sur la gauche, arrêtée entre deux troncs d'arbres. Il demanda, inquiet :

— Des Prussiens dans la cave. Qué qui font?

La jeune femme se mit à rire :

— C'est ceux d'hier. Ils s'étaient perdus dans la forêt, je les ai mis au frais dans la cave.

Et elle conta l'aventure, comment elle les avait effrayés avec des coups de revolver et enfermés dans le caveau.

Le vieux toujours grave demanda :

— Qué que tu veux que j'en fassions à c't'heure?

Elle répondit :

— Va quérir M. Lavigne avec sa troupe. Il les fera prisonniers. C'est lui qui sera content.

Et le père Pichon sourit :

— C'est vrai qu'i sera content.

Sa fille reprit :

— T'as d'la soupe, mange-la vite et pi repars.

Le vieux garde s'attabla, et se mit à manger la soupe après avoir posé par terre deux assiettes pleines pour ses chiens.

Les Prussiens, entendant parler, s'étaient tus.

L'Échasse repartit un quart d'heure plus

tard. Et Berthine, la tête dans ses mains, attendit.

Les prisonniers recommençaient à s'agiter. Ils criaient maintenant, appelaient, battaient sans cesse de coups de crosse furieux la trappe inébranlable du caveau.

Puis ils se mirent à tirer des coups de fusil par le soupirail, espérant sans doute être entendus si quelque détachement allemand passait dans les environs.

La forestière ne remuait plus; mais tout ce bruit l'énervait, l'irritait. Une colère méchante s'éveillait en elle; elle eût voulu les assassiner, les gueux, pour les faire taire.

Puis, son impatience grandissant, elle se mit à regarder l'horloge, à compter les minutes.

Le père était parti depuis une heure et demie. Il avait atteint la ville maintenant. Elle croyait le voir. Il racontait la chose à M. Lavigne, qui pâlissait d'émotion et sonnait sa bonne pour avoir son uniforme et ses armes. Elle entendait, lui semblait-il, le tambour courant par les rues. Les têtes effarées apparaissaient aux fenêtres. Les soldats citoyens sortaient de leurs maisons, à peine vêtus, essoufflés, bouclant leurs ceinturons, et partaient, au pas gymnastique vers la maison du commandant.

Puis la troupe, l'Échasse en tête, se mettait en marche, dans la nuit, dans la neige, vers la forêt.

Elle regardait l'horloge. « Ils peuvent être ici dans une heure. »

Une impatience nerveuse l'envahissait. Les minutes lui paraissaient interminables. Comme c'était long !

Enfin, le temps qu'elle avait fixé pour leur arrivée fut marqué par l'aiguille.

Et elle ouvrit de nouveau la porte, pour les écouter venir. Elle aperçut une ombre marchant avec précaution. Elle eut peur, poussa un cri. C'était son père.

Il dit :

— Ils m'envoient pour voir s'il n'y a rien de changé.

— Non, rien.

Alors, il lança à son tour, dans la nuit, un coup de sifflet strident et prolongé. Et, bientôt, on vit une chose brune qui s'en venait, sous les arbres, lentement : l'avant-garde composée de dix hommes.

L'Échasse répétait à tout instant :

— Passez pas devant le soupirail.

Et les premiers arrivés montraient aux nouveaux venus le soupirail redouté.

Enfin le gros de la troupe se montra, en tout deux cents hommes, portant chacun deux cents cartouches.

M. Lavigne, agité, frémissant, les disposa de façon à cerner de partout la maison en laissant un large espace libre devant le petit trou noir, au ras du sol, par où la cave prenait de l'air.

Puis il entra dans l'habitation et s'informa de la force et de l'attitude de l'ennemi, devenu tellement muet qu'on aurait pu le croire disparu, évanoui, envolé par le soupirail.

M. Lavigne frappa du pied la trappe et appela :

— Monsieur l'officier prussien ?
L'Allemand ne répondit pas.
Le commandant reprit :
— Monsieur l'officier prussien ?
Ce fut en vain. Pendant vingt minutes il somma cet officier silencieux de se rendre avec armes et bagages, en lui promettant la vie sauve et les honneurs militaires pour lui et ses soldats. Mais il n'obtint aucun signe de consentement ou d'hostilité. La situation devenait difficile.

Les soldats-citoyens battaient la semelle dans la neige, se frappaient les épaules à grands coups de bras, comme font les cochers pour s'échauffer, et ils regardaient le soupirail avec une envie grandissante et puérile de passer devant.

Un d'eux, enfin, se hasarda, un nommé Potdevin qui était très souple. Il prit son élan et passa en courant comme un cerf. La tentative réussit. Les prisonniers semblaient morts.

Une voix cria :
— Y a personne.
Et un autre soldat traversa l'espace libre

devant le trou dangereux. Alors ce fut un jeu. De minute en minute, un homme se lançant, passait d'une troupe dans l'autre comme font les enfants en jouant aux barres, et il lançait derrière lui des éclaboussures de neige tant il agitait vivement les pieds. On avait allumé, pour se chauffer, de grands feux de bois mort, et ce profil courant du garde-national apparaissait illuminé dans un rapide voyage du camp de droite au camp de gauche.

Quelqu'un cria :

— A toi, Maloison.

Maloison était un gros boulanger dont le ventre donnait à rire aux camarades.

Il hésitait. On le blagua. Alors, prenant son parti il se mit en route, d'un petit pas gymnastique régulier et essoufflé, qui secouait sa forte bedaine.

Tout le détachement riait aux larmes. On criait pour l'encourager :

— Bravo, bravo Maloison!

Il arrivait environ aux deux tiers de son trajet quand une flamme longue, rapide et rouge jaillit du soupirail. Une détonation retentit, et le vaste boulanger s'abattit sur le nez avec un cri épouvantable.

Personne ne s'élança pour le secourir. Alors on le vit se traîner à quatre pattes dans la neige en gémissant, et, quand il fut sorti du terrible passage, il s'évanouit.

Il avait une balle dans le gras de la cuisse, tout en haut.

Après la première surprise et la première épouvante, un nouveau rire s'éleva.

Mais le commandant Lavigne apparut sur le seuil de la maison forestière. Il venait d'arrêter son plan d'attaque. Il commanda d'une voix vibrante :

— Le zingueur Planchut et ses ouvriers.

Trois hommes s'approchèrent.

— Descellez les gouttières de la maison.

Et en un quart d'heure on eut apporté au commandant vingt mètres de gouttières.

Alors il fit pratiquer, avec mille précautions

de prudence, un petit trou rond dans le bord de la trappe, et, organisant un conduit d'eau de la pompe à cette ouverture, il déclara d'un air enchanté :

— Nous allons offrir à boire à messieurs les Allemands.

Un hurrah frénétique d'admiration éclata suivi de hurlements de joie et de rires éperdus. Et le commandant organisa des pelotons de travail qui se relayeraient de cinq minutes en cinq minutes. Puis il commanda :

— Pompez.

Et le volant de fer ayant été mis en branle, un petit bruit glissa le long des tuyaux et tomba bientôt dans la cave, de marche en marche, avec un murmure de cascade, un murmure de rocher à poissons rouges.

On attendit.

Une heure s'écoula, puis deux, puis trois.

Le commandant fiévreux se promenait dans la cuisine, collant son oreille à terre de temps en temps, cherchant à deviner ce que faisait l'ennemi, se demandant s'il allait bientôt capituler.

Il s'agitait maintenant l'ennemi. On l'entendait remuer les barriques, parler, clapoter.

Puis, vers huit heures du matin, une voix sortit du soupirail :

—Ché foulé parlé à m'onsieur l'officier français.

Lavigne répondit, de la fenêtre, sans avancer trop la tête :

— Vous rendez-vous ?

— Che me rents.

— Alors, passez les fusils dehors.

Et on vit aussitôt une arme sortir du trou et tomber dans la neige, puis deux, trois, toutes les armes. Et la même voix déclara :

— Che n'ai blus. Tépêchez-fous. Ché suis noyé.

Le commandant commanda :

— Cessez.

Le volant de la pompe retomba immobile.

Et, ayant empli la cuisine de soldats qui attendaient, l'arme au pied, il souleva lentement la trappe de chêne.

Quatre têtes apparurent, trempées, quatre têtes blondes aux longs cheveux pâles, et on vit sortir, l'un après l'autre, les six Allemands grelottants, ruisselants, effarés.

Ils furent saisis et garottés. Puis, comme on craignait une surprise, on repartit tout de suite, en deux convois, l'un conduisant les prisonniers et l'autre conduisant Maloison sur un matelas posé sur des perches.

Ils rentrèrent triomphalement dans Rethel.

M. Lavigne fut décoré pour avoir capturé une avant-garde prusienne, et le gros boulanger eut la médaille militaire pour blessure reçue devant l'ennemi.

NOS ANGLAIS

NOS ANGLAIS

Un petit cahier relié gisait sur la banquette capitonnée du wagon. Je le pris et je l'ouvris. C'était un journal de voyage, perdu par un voyageur.

J'en copie ici les trois dernières pages.

. . . .

1ᵉʳ février. — Menton, capitale des Poitrinaires, célèbre par ses tubercules pulmonaires. Tout différent du tubercule de la patate qui vit et pousse dans la terre pour nourrir et engraisser l'homme, ce genre de végétation vit et pousse dans l'homme pour nourrir et engraisser la terre.

Je tiens cette définition scientifique d'un aimable et savant médecin du pays.

Je cherche un hôtel. On m'indique le grrrrand Hôtel de Russie, d'Angleterre, d'Allemagne et des Pays-Bas.

En rendant hommage à l'intelligence cosmopolite du patron, je m'installe dans cet hôpital qui me paraît vide, tant il est grand.

Puis je fais un tour dans la ville, jolie et bien située au pied d'une montagne imposante (voir les guides), je rencontre des gens qui ont l'air malade, promenés par d'autres qui ont l'air de s'ennuyer. On retrouve ici des cache-nez. (Avis aux naturalistes qui s'inquiéteraient de leur disparition.)

Six heures. Je rentre pour dîner. Le couvert est mis dans une vaste salle qui devrait contenir trois cents convives et qui en abrite juste vingt-deux. Ils entrent l'un après l'autre. Voici d'abord un Anglais grand, rasé, maigre, avec une longue redingote à jupe et à taille, dont les manches emprisonnent les bras minces du monsieur comme des étuis à parapluie enserrent un parapluie. Ce vêtement, qui rappelle l'uniforme civil des vieux capitaines, celui des invalides, et la soutane des ecclésiastiques, porte, sur sa façade, une rangée de boutons, vêtus de drap noir comme leur maître, et serrés l'un contre l'autre, à la façon d'un bataillon de cloportes. En face, une rangée de boutonnières semble les attendre et donne des idées inconvenantes.

Le gilet est clôturé par la même méthode. Le propriétaire de ce vêtement ne paraît pas folichon.

Il me salue; je lui rends sa politesse.

Deuxième entrée. — Trois dames, trois Anglaises, la mère, deux filles. Chacune d'elles porte sur la tête un œuf à la neige, ce qui m'étonne. Les filles sont vieilles comme la mère. La mère est vieille comme les filles. Toutes trois sont minces, à façades planes, hautes, lentes, raides; et elles ont des dents extérieures pour faire peur aux plats et aux hommes.

D'autres habitués arrivent, tous Anglais. Un seul est gros et rouge, avec des favoris blancs. Chaque femme (elles sont quatorze) porte sur la tête un œuf à la neige. Je m'aperçois que cet entremets couvre-chef est en dentelle blanche ou en tulle mousseux, je ne sais pas trop. Il ne semble pas sucré. Toutes ces dames d'ailleurs ont l'air de conserves au vinaigre, bien qu'il y ait, parmi elles, cinq jeunes filles, pas trop laides, mais plates, sans espoir visible.

Je songe aux vers de Bouilhet :

Qu'importe ton sein maigre, ô mon objet aimé,
On est plus près du cœur quand la poitrine est plate;
Et je vois comme un merle en sa cage enfermé,
L'amour entre tes os, rêvant sur une patte !

Deux jeunes messieurs, plus jeunes que le premier, sont également enfermés en des redingotes sacerdotales. Ce sont des prêtres-laïques, à femmes et à enfants, nommés pasteurs. Ils ont l'air plus propres, plus sérieux, moins aimables que nos curés. Je ne changerais pas une tonne de ceux-ci contre une barrique de ceux-là. Chacun son goût.

Dès que les convives sont au complet, le pasteur-chef prend la parole et prononce, en anglais, une sorte de *benedicite* très long, que toute la table écoute avec des mines confites.

Ma nourriture se trouvant ainsi consacrée, malgré moi, au Dieu d'Israël et d'Albion, chacun se mit à manger le potage.

Un silence solennel règne dans la grande salle, un silence qui ne doit pas être normal. Je suppose que ma présence est désagréable à cette colonie, où n'était entrée jusque-là aucune brebis impure.

Les femmes surtout gardent une attitude gourmée et roide comme si elles avaient peur de laisser tomber dans leur assiette leur petite coiffure de crème fouettée.

Cependant, le maître-pasteur adresse quelques mots à son voisin le sous-pasteur. Comme j'ai le malheur d'entendre un peu l'anglais, je remarque avec stupéfaction qu'ils reprennent une conversation interrompue avant le dîner sur les textes des prophètes.

Tout le monde écoute avec recueillement.

Alors on me nourrit, malgré moi toujours, de citations incroyables.

« Je répandrai de l'eau pour celui qui est altéré », a dit Isaïe.

Je l'ignorais. J'ignorais aussi toutes les vérités émises par Jérémie, Malachie, Ézéchiel, Élie et Gagachie.

Elles m'entraient dans les oreilles, comme des mouches, ces vérités simples et me bourdonnaient dans la tête.

— Que celui qui a faim demande à manger.

— L'air appartient aux oiseaux comme la mer appartient aux poissons.

— Le figuier produit des figues et le palmier des dattes.

— L'homme qui n'écoute pas ne retiendra pas la science.

Combien plus vaste et plus profond, notre grand Henry Monnier, qui a fait sortir de la bouche d'un seul homme, de l'immortel Prud'homme, plus de vérités éclatantes que n'en ont répandu tous les prophètes réunis.

Il s'écrie en face de la mer : « C'est beau, l'Océan, mais que de terrain perdu ! »

Il formule l'éternelle politique du monde : « Ce sabre est le plus beau jour de ma vie. Je saurai m'en servir pour défendre le Pouvoir qui me l'offre, et, au besoin, pour l'attaquer. »

Si j'avais eu l'honneur d'être présenté à la société anglaise qui m'entourait, je l'aurais assurément édifiée avec des citations choisies de notre prophète français.

Une fois le diner fini, on passa au salon.

J'étais assis, seul, dans un coin. La tribu britannique semblait conspirer à l'autre bout de la vaste pièce.

Soudain une dame se dirigea vers le piano : Je pensai :

— Ah ! un peu de miousique. Tant mieux.

Elle ouvre l'instrument, s'assied, et voilà que toute la colonie l'entoure comme un bataillon, les femmes au premier rang, les hommes derrière.

Vont-ils chanter un opéra ?

Le pasteur-chef, devenu pasteur-chef de chœurs, lève la main, l'abaisse, et une clameur innomable, affreuse, s'échappe de toutes ces bouches, qui entonnent un cantique !

Les femmes piaillaient, les hommes mugissaient, les vitres tremblaient. Le chien de l'hôtel se mit à hurler dans la cour. Un autre répondit dans une chambre.

Je me sauvai, effaré, furieux. Et j'allai faire

un tour en ville. N'ayant trouvé ni théâtre, ni casino, ni aucun lieu de plaisir, il me fallut rentrer.

Les Anglais chantaient encore.

Je me couchai. Ils chantaient toujours. Ils chantèrent jusqu'à minuit les louanges du Seigneur avec les voix les plus fausses, les plus criardes, les plus odieuses que j'aie jamais entendues, et moi, affolé par cette horrible esprit d'imitation qui emportait un peuple entier dans une danse macabre, je fredonnais sous mes draps :

> Je plains le seigneur, le seigneur dieu d'Albion
> Dont on chante la gloire au salon.
> Si le seigneur a plus d'oreille
> Que son peuple fidèle,
> S'il aime le talent, la beauté,
> La grâce, l'esprit, la gaieté,
> L'excellente mimique
> Et la bonne musique,
> Je plains le seigneur
> De tout mon cœur.

Et quand je pus enfin m'endormir, j'eus des cauchemars épouvantables. Je vis des prophètes à cheval sur des pasteurs manger des œufs à la neige sur des têtes de mort.

Horreur ! horreur !

2 février. — Aussitôt levé, je demande au patron si ces barbares qui ont envahi son hôtel recommencent chaque jour leur épouvantable distraction.

Il me répondit en souriant :

— Oh ! non, monsieur, c'était hier dimanche, et vous savez que le dimanche, chez eux, c'est sacré.

Je réponds :

> Rien n'est sacré pour un pasteur,
> Ni le sommeil du voyageur,
> Ni son dîner, ni son oreille ;
> Mais veillez que chose pareille
> Ne recommence pas, ou bien
> Sans hésiter, je prends le train.

Un peu surpris, l'hôtelier me promet qu'il fera des observations.

Je fais, dans le jour, une fort jolie promenade dans la montagne.

Le soir venu, j'assiste au même *benedicite*. Puis je passe au salon. Que vont-ils faire ? Pendant une heure, ils ne font rien.

Tout à coup, la même dame qui, la veille,

accompagnait les cantiques, se dirige vers le piano, l'ouvre. — Je frémis de terreur. — Et elle se met à jouer... une valse.

Et les jeunes filles commencent à danser.

Le pasteur-chef bat la mesure sur son genou par suite de l'habitude prise. Les Anglais à leur tour invitent les femmes, et les œufs à la neige tournent, tournent, tournent, les œufs à la neige tournent comme des sauces.

J'aime mieux ça! Après la valse, un quadrille, une polka.

N'ayant pas été présenté, je reste coi dans un coin.

3 février. — Autre jolie promenade au vieux castelar, admirable ruine dans la montagne, qui porte sur chaque pic quelques restes de châteaux-forts.

Rien de beau comme ces débris de citadelles dans ces chaos de pierres qui dominent les neiges des Alpes (voir les guides). Ce pays est admirable.

Pendant le dîner, je me présente, tout seul, à la manière française, à ma voisine de table. Elle ne me répond pas. — Politesse anglaise.

Dans la soirée, bal anglais.

4 février. — Excursion à Monaco (voir les guides).

Le soir, bal anglais. J'y assiste en pestiféré.

5 février. — Excursion à San-Remo (voir les guides).

Le soir, bal anglais. Ma quarantaine persiste.

6 février. — Excursion à Nice (voir les guides).

Le soir, bal anglais. Je me couche.

7 février. — Excursion à Cannes (voir les guides).

Le soir, bal anglais. Je prends du thé dans mon coin.

8 février. — Dimanche, grande revanche. Je les attendais, les gueux.

Ils avaient repris leurs mines confites de jour sacré, et ils préparaient leurs voix à cantiques.

Or, avant le diner, je me glisse dans le salon, puis je mets dans ma poche la clef du piano, et je dis au garçon de service dans le bureau :

— Si messieurs les pasteurs demandent la

clef, vous leur direz que je l'ai prise et vous les prierez de venir me trouver.

Pendant le dîner on discute sur plusieurs points douteux des Écritures, on élucide des textes, on éclaircit les généalogies de personnages bibliques.

Puis on passe au salon. On se dirige vers le piano. — Stupeur. — On se consulte. La tribu semble attérée. Les œufs à la neige paraissent prêts à s'envoler. Enfin le pasteur-chef se détache, sort, puis rentre. On discute, on me regarde avec des yeux indignés, et voilà que les trois pasteurs se dirigent vers moi, en ordre, en ligne, en ambassadeurs. Ils ont vraiment quelque chose d'imposant.

Ils me saluent. Je me lève. Le plus vieux prend la parole :

— Mosieu, on me avé dit que vô avé pris la clef de la piano. Les dames vôdraient le avoir, pour chanté le cantique. »

Je réponds :

— Monsieur l'abbé, je comprends parfaitement la demande de ces dames; mais je ne puis y faire droit. Vous êtes un homme religieux, moi aussi, monsieur, et mes principes, plus sévères que les vôtres sans doute, me décident à empêcher la profanation à laquelle vous vous livrez.

Je ne puis admettre, messieurs, que vous vous serviez, pour chanter la gloire de Dieu, d'un instrument qui a servi toute la semaine à faire danser des jeunes filles. Nous ne donnons pas des bals publics dans nos églises, nous, monsieur, et nous ne jouons pas des quadrilles avec nos orgues. L'usage que vous faites de ce piano m'indigne et me révolte. Vous pouvez porter ma réponse à ces dames.

Les trois pasteurs, abasourdis, se retirèrent. Les dames parurent stupéfaites. Et on se mit à chanter le cantique sans piano.

9 février, midi. — Le patron vient de me donner congé. On m'expulse, à la demande générale des Anglais.

Je rencontre les trois pasteurs, qui semblent surveiller mon départ. Je vais droit à eux. Je les salue.

— Messieurs, dis-je, vous paraissez fort instruit sur les Écritures. J'ai, moi-même, étudié pas mal ces questions. Je sais même un peu l'hébreu. Or, je serais désireux de vous soumettre un cas qui trouble beaucoup ma conscience de catholique.

L'inceste est considéré par vous comme une chose abominable, n'est-ce pas? Or, la Bible nous en indique un exemple très inquiétant pour la Foi.

Loth, fuyant Sodome, fut séduit, vous ne l'ignorez pas, par ses deux filles, et, étant privé de sa femme changée en statue de sel, il succomba. De ce double et horrible inceste naquirent Ammon et Moab, d'où sortirent deux grands peuples, les Ammonites et les Moabites. Or, Ruth, la moissonneuse qui réveilla Booz endormi pour le rendre père, était une Moabite.

Victor Hugo n'a-t-il pas dit :

... Ruth, une Moabite,
Vint se coucher aux pieds de Booz, le sein nu,
Espérant on ne sait quel rayon inconnu
Quand viendrait du réveil la lumière subite.

Le rayon inconnu donna naissance à Obed, qui fut l'aïeul de David.

Or notre Seigneur Jésus-Christ n'était-il pas un descendant de David?...

Les trois pasteurs ne répondirent pas et se regardèrent avec consternation.

Je repris :

— « Vous me direz que je vous parle là de la généalogie de Joseph, époux légitime, mais inutile de Marie, mère du Christ. Or Joseph, comme chacun sait, ne fut pour rien dans la naissance de son fils. Donc c'est Joseph qui descendait d'un inceste et non l'homme-Dieu. Je vous l'accorde. J'ajouterai cependant deux considérations. La première c'est que Joseph et Marie, étant cousins, devaient avoir la même origine ; la seconde, c'est qu'il est scandaleux de nous faire lire dix pages de généalogie pour des prunes.

Nous nous abîmons les yeux afin de savoir que A. engendra B., qui engendra C., qui engendra D., qui engendra E., qui engendra F., et quand nous allons devenir fous par cette scie interminable, nous arrivons au dernier qui n'engendre rien. On peut appeler cela, messieurs, le comble de la mystification !

Alors, brusquement, les trois pasteurs me tournèrent le dos comme un seul homme et s'enfuirent.

Deux heures. — Je prends le train pour Nice.

. . . .

Le Journal finissait là. Bien que ces notes révèlent de la part de leur auteur un extrême mauvais goût, un esprit commun et beaucoup de grossièreté, j'ai pensé qu'elles pourraient mettre en garde certains voyageurs contre le danger des Anglais en voyage.

Je dois ajouter qu'il existe des Anglais charmants, j'en connais, et beaucoup. Mais ce ne sont pas, en général, nos voisins d'hôtel.

LE MOYEN DE ROGER

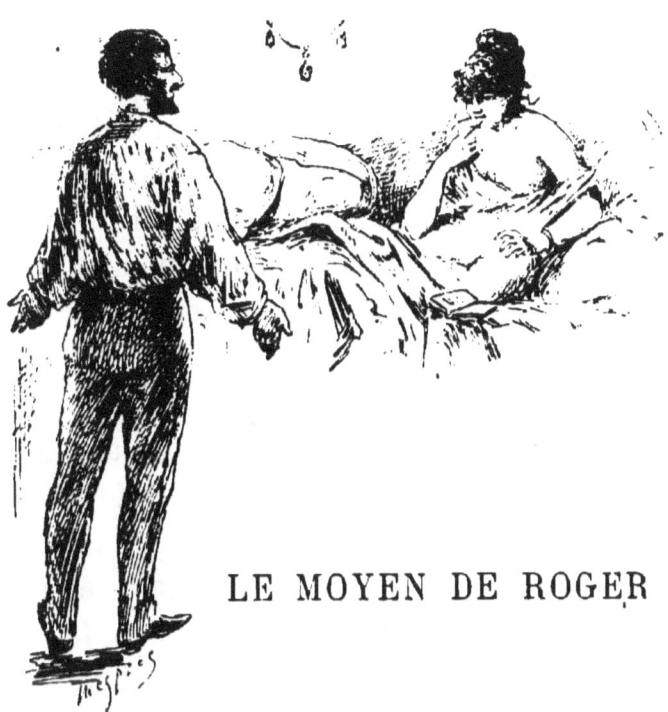

LE MOYEN DE ROGER

Je me promenais sur le boulevard avec Roger quand un vendeur quelconque cria contre nous :

— Demandez le moyen de se débarraser de sa belle-mère ! Demandez !

Je m'arrêtai net et je dis à mon camarade :

— Voici un cri qui me rappelle une question que je veux te poser depuis longtemps. Qu'est-ce donc que ce « moyen de Roger » dont ta femme parle toujours. Elle plaisante là-dessus d'une façon si drôle et si entendue, qu'il s'agit, pour moi, d'une potion aux cantharides dont tu aurais le secret. Chaque fois qu'on cite devant elle un jeune homme fatigué, épuisé, essoufflé, elle se tourne vers toi et dit, en riant :

— Il faudrait lui indiquer le moyen de Roger. Et ce qu'il y a de plus drôle dans cette affaire, c'est que tu rougis toutes les fois.

Roger répondit :

— Il y a de quoi, et si ma femme se doutait en vérité de ce dont elle parle, elle se tairait, je te l'assure bien. Je vais te confier cette histoire, à toi. Tu sais que j'ai épousé une veuve dont j'étais fort amoureux. Ma femme a toujours eu la parole libre et avant d'en faire ma compagne légitime nous avions souvent de ces conversations un peu pimentées, permises d'ailleurs avec les veuves, qui ont gardé le goût du piment dans la bouche. Elle aimait beaucoup les histoires gaies, les anecdotes grivoises, en tout bien tout honneur. Les péchés de langue ne sont pas graves, en certains cas; elle est hardie, moi je suis un peu timide, et elle s'amusait souvent, avant notre mariage, à m'embarrasser par des questions ou des plaisanteries auxquelles il ne m'était pas facile de répondre. Du reste c'est peut-être cette hardiesse qui m'a rendu amoureux d'elle. Quant à être amoureux, je l'étais des pieds à la tête, corps et âme, et elle le savait, la gredine.

Il fut décidé que nous ne ferions aucune cérémonie, aucun voyage. Après la bénédiction à l'église nous offririons une collation à nos témoins, puis nous ferions une promenade en tête-à-tête, dans un coupé, et nous reviendrions dîner chez moi, rue du Helder.

Donc, nos témoins partis, nous voilà montant en voiture et je dis au cocher de nous conduire au bois de Boulogne. C'était à la fin de juin ; il faisait un temps merveilleux.

Dès que nous fûmes seuls, elle se mit à rire.

— Mon cher Roger, dit-elle, c'est le moment d'être galant. Voyons comment vous allez vous y prendre.

Interpellé de la sorte, je me trouvai immédiatement paralysé. Je lui baisais la main, je lui répétais : Je vous aime. Je m'enhardis deux fois à lui baiser la nuque, mais les passants me gênaient. Elle répétait toujours d'un petit air provocant et drôle : Et après... et après... Cet « et après » m'énervait et me désolait. Ce n'était pas dans un coupé, au bois de Boulogne, en plein jour, qu'on pouvait... Tu comprends.

Elle voyait bien ma gêne et s'en amusait. De temps en temps elle répétait :

— Je crains bien d'être mal tombée. Vous m'inspirez beaucoup d'inquiétudes.

Et moi aussi, je commençais à en avoir, des inquiétudes sur moi-même. Quand on m'intimide, je ne suis plus capable de rien.

Au dîner elle fut charmante. Et, pour m'enhardir, je renvoyai mon domestique qui me gênait. Oh ! nous demeurions convenables, mais, tu sais comme les amoureux sont bêtes, nous buvions dans le même verre, nous mangions dans la même assiette, avec la même fourchette. Nous nous amusions à croquer des gaufrettes par les deux bouts, afin que nos lèvres se rencontrassent au milieu.

Elle me dit :

— Je voudrais un peu de champagne.

J'avais oublié cette bouteille sur le dressoir. Je la pris, j'arrachai les cordes et je pressai le bouchon pour le faire partir. Il ne sauta pas. Gabrielle se mit à sourire et murmura :

— Mauvais présage.

Je poussais avec mon pouce la tête enflée du liège, je l'inclinais à droite, je l'inclinais à gauche, mais en vain, et, tout à coup, je cassai le bouchon au ras du verre.

Gabrielle soupira :

— Mon pauvre Roger.

Je pris un tire-bouchon que je vissai dans la partie restée au fond du goulot. Il me fut impossible ensuite de l'arracher ! Je dus rappeler Prosper. Ma femme, à présent, riait de tout son cœur et répétait :

— Ah bien... ah bien... je vois que je peux compter sur vous.

Elle était à moitié grise.

Elle le fut aux trois quarts après le café.

La mise au lit d'une veuve n'exigeant pas toutes les cérémonies maternelles nécessaires pour une jeune fille, Gabrielle passa tranquillement dans sa chambre en me disant :

— Fumez votre cigare pendant un quart d'heure.

Quand je la rejoignis; je manquais de confiance en moi, je l'avoue. Je me sentais énervé, troublé, mal à l'aise.

Je pris ma place d'époux. Elle ne disait rien. Elle me regardait avec un sourire sur les lèvres, avec l'envie visible de se moquer de moi. Cette ironie, dans un pareil moment, acheva de me déconcerter et, je l'avoue, me coupa — bras et jambes.

Quand Gabrielle s'aperçut de mon... embarras, elle ne fit rien pour me rassurer, bien au contraire. Elle me demanda, d'un petit air indifférent :

— Avez-vous tous les jours autant d'esprit?

Je ne pus m'empêcher de répondre :

— Écoutez, vous êtes insupportable.

Alors elle se remit à rire, mais à rire d'une façon immodérée, inconvenante, exaspérante.

Il est vrai que je faisais triste figure, et que je devais avoir l'air fort sot.

De temps en temps, entre deux crises folles de gaieté, elle prononçait, en étouffant :

— Allons — du courage — un peu d'énergie — mon — mon pauvre ami.

Puis elle se remettait à rire si éperdument, qu'elle en poussait des cris.

A la fin je me sentis si énervé, si furieux contre moi et contre elle que je compris que j'allais la battre si je ne quittais point la place.

Je sautai du lit, je m'habillai brusquement avec rage, sans dire un mot.

Elle s'était soudain calmée et, comprenant que j'étais fâché, elle demanda :

— Qu'est-ce que vous faites ? Où allez-vous ?

Je ne répondis pas. Et je descendis dans la rue. J'avais envie de tuer quelqu'un, de me venger, de faire quelque folie. J'allai devant moi à grands pas, et brusquement la pensée d'entrer chez des filles me vint dans l'esprit.

Qui sait ? ce serait une épreuve, une expérience, peut-être un entraînement ? En tout cas ce serait une vengeance ! Et si jamais je devais être trompé par ma femme elle l'aurait toujours été d'abord par moi.

Je n'hésitai point. Je connaissais une hôtellerie d'amour non loin de ma demeure, et j'y courus, et j'y entrai comme font ces gens qui se jettent à l'eau pour voir s'ils savent encore nager.

Je nageais, et fort bien. Et je demeurai là longtemps, savourant cette vengeance secrète et raffinée. Puis je me retrouvai dans la rue à cette heure fraîche où la nuit va finir. Je me sentais maintenant calme et sûr de moi, content, tranquille, et prêt encore, me semblait-il, pour des prouesses.

Alors, je rentrai chez moi avec lenteur ; et j'ouvris doucement la porte de ma chambre.

Gabrielle lisait, accoudée sur son oreiller. Elle leva la tête et demanda d'un ton craintif :

— Vous voilà ? qu'est-ce que vous avez eu ?

Je ne répondis pas. Je me déshabillai avec assurance. Et je repris, en maître triomphant, la place que j'avais quittée en fuyard.

Elle fut stupéfaite et convaincue que j'avais employé quelque secret mystérieux.

Et maintenant, à tout propos, elle parle du moyen de Roger comme elle parlerait d'un procédé scientifique infaillible.

Mais, hélas ! voici dix ans de cela, et aujourd'hui la même épreuve n'aurait plus beaucoup de chances de succès, pour moi du moins.

Mais si tu as quelque ami qui redoute les émotions d'une nuit de noces, indique-lui mon stratagème et affirme-lui que, de vingt à trente-cinq ans, il n'est point de meilleure manière pour dénouer des aiguillettes, comme aurait dit le sire de Brantôme.

LA CONFESSION

LA CONFESSION

Tout Véziers-le-Réthel avait assisté aux convoi et enterrement de M. Badon-Lerenuncé, et les derniers mots du discours du délégué de la préfecture demeuraient dans toutes les mémoires : « C'est un honnête homme de moins ! »

Honnête homme il avait été dans tous les actes appréciables de sa vie, dans ses paroles, dans son exemple, dans son attitude, dans sa tenue, dans ses démarches, dans la coupe de sa barbe et la forme de ses chapeaux. Il n'avait jamais dit un mot qui ne contînt un exemple, jamais fait une aumône sans l'accompagner d'un conseil, jamais tendu la main sans avoir l'air de donner une espèce de bénédiction.

Il laissait deux enfants : un fils et une fille ; son fils était conseiller général, et sa fille ayant épousé un notaire, M. Poirel de la Voulte, tenait le haut du pavé dans Véziers.

Ils étaient inconsolables de la mort de leur père, car ils l'aimaient sincèrement.

Aussitôt la cérémonie terminée, ils rentrèrent à la maison du mort, et s'étant enfermés tous trois, le fils, la fille et le gendre, ils ouvrirent le testament qui devait être décacheté par eux seuls, et seulement après que son cercueil aurait été mis en terre. Une annotation sur l'enveloppe indiquait cette volonté.

Ce fut M. Poirel de la Voulte qui déchira le papier, en sa qualité de notaire habitué à ces opérations, et, ayant ajusté ses lunettes sur ses yeux, il lut, de sa voix terne, faite pour détailler les contrats :

— Mes enfants, mes chers enfants, je ne

pourrais dormir tranquille de l'éternel sommeil si je ne vous faisais, de l'autre côté de la tombe, une confession, la confession d'un crime dont le remords a déchiré ma vie. Oui, j'ai commis un crime, un crime affreux, abominable.

J'avais alors vingt-six ans et je débutais dans le barreau, à Paris, vivant de la vie des jeunes gens de province échoués, sans connaissances, sans amis, sans parents, dans cette ville.

Je pris une maîtresse. Que de gens s'indignent à ce seul mot « une maîtresse », et pourtant il est des êtres qui ne peuvent vivre seuls. Je suis de ceux-là. La solitude m'emplit d'une angoisse horrible, la solitude dans le logis, auprès du feu, le soir. Il me semble alors que je suis seul sur la terre, affreusement seul, mais entouré de dangers vagues, de choses inconnues et terribles; et la cloison qui me sépare de mon voisin, de mon voisin que je ne connais pas, m'éloigne de lui autant que des étoiles aperçues par ma fenêtre. Une sorte de fièvre m'envahit, une fièvre d'impatience et de crainte; et le silence des murs m'épouvante. Il est si profond et si triste ce silence de la chambre où l'on vit seul ! Ce n'est pas seulement un silence autour du corps, mais un silence autour de l'âme, et, quand un meuble craque ou tressaille, jusqu'au cœur, car aucun bruit n'est attendu dans ce morne logis.

Combien de fois, énervé, apeuré par cette immobilité muette, je me suis mis à parler, à prononcer des mots, sans suite, sans raison, pour faire du bruit. Ma voix alors me paraissait si étrange que j'en avais peur aussi. Est-il quelque chose de plus affreux que de parler seul dans une maison vide ? La voix semble celle d'un autre, une voix inconnue, parlant sans cause, à personne, dans l'air creux, sans aucune oreille pour l'écouter, car on sait, avant qu'elles s'échappent dans la solitude de l'appartement, les paroles qui vont sortir de la bouche. Et quand elles résonnent lugubrement dans le silence, elles n'ont plus l'air que d'un écho, l'écho singulier de mots prononcés tout bas par la pensée.

Je pris une maîtresse, une jeune fille comme toutes ces jeunes filles qui vivent dans Paris d'un métier insuffisant à les nourrir. Elle était douce, bonne, simple ; ses parents habitaient Poissy. Elle allait passer quelques jours chez eux de temps en temps.

Pendant un an je vécus assez tranquille avec elle, bien décidé à la quitter lorsque je trouverais une jeune personne qui me plairait assez pour l'épouser. Je laisserais à l'autre une petite rente, puisqu'il est admis, dans notre société, que l'amour d'une femme doit être payé, par de l'argent quand elle est pauvre, par des cadeaux quand elle est riche.

Mais voilà qu'un jour elle m'annonça qu'elle était enceinte. Je fus atterré et j'aperçus en une seconde tout le désastre de mon existence. La chaîne m'apparut, que je traînerais jusqu'à ma mort, partout, dans ma famille future, dans ma vieillesse, toujours : chaîne de la femme liée à ma vie par l'enfant, chaîne de l'enfant qu'il faudra élever, surveiller, protéger, tout en me cachant de lui et en le cachant au monde. J'eus l'esprit bouleversé par cette nouvelle; et un désir confus, que je ne formulai point, mais que je sentais en mon cœur, prêt à se montrer, comme ces gens cachés derrière des portières pour attendre qu'on leur dise de paraître, un désir criminel rôda au fond de ma pensée ! — Si un accident pouvait arriver? Il en est tant, de ces petits êtres, qui meurent avant de naître!

Oh! je ne désirai point la mort de ma maîtresse. La pauvre fille, je l'aimais bien! Mais je souhaitai, peut-être, la mort de l'autre, avant de l'avoir vu?

Il naquit. J'eus un ménage dans mon petit logis de garçon, un faux ménage avec enfant, chose horrible. Il ressemblait à tous les enfants. Je ne l'aimais guère. Les pères, voyez-vous, n'aiment que plus tard. Ils n'ont point la tendresse instinctive et emportée des mères ; il faut que leur affection s'éveille peu à peu, que leur esprit s'attache par les liens qui se nouent chaque jour entre les êtres vivants ensemble.

Un an encore s'écoula : je fuyais maintetenant ma demeure trop petite, où traînaient des linges, des langes, des bas grands comme des gants, mille choses de toute espèce laissées sur un meuble, sur le bras d'un fauteuil, partout. Je fuyais surtout pour ne point l'entendre crier, lui; car il criait à tout propos, quand on le changeait, quand on le lavait, quand on le touchait, quand on le couchait, quand on le levait, sans cesse.

J'avais fait quelques connaissances et je rencontrai dans un salon celle qui devait être votre mère. J'en devins amoureux et le désir de l'épouser s'éveilla en moi. Je lui fis la cour ; je la demandai en mariage ; on me l'accorda.

Et je me trouvai pris dans ce piège.— Épouser, ayant un enfant, cette jeune fille que j'adorais — ou bien dire la vérité et renoncer à elle, au bonheur, à l'avenir, à tout, car ses parents, gens rigides et scrupuleux, ne me l'auraient point donnée, s'ils avaient su.

Je passai un mois horrible d'angoisse, de tortures morales; un mois où mille pensées affreuses me hantèrent; et je sentais grandir en moi une haine contre mon fils, contre ce petit morceau de chair vivante et criante qui barrait ma route, coupait ma vie, me condamnait à une existence sans attente, sans tous ces espoirs vagues qui font charmante la jeunesse.

Mais voilà que la mère de ma compagne tomba malade, et je restai seul avec l'enfant.

Nous étions en décembre. Il faisait un froid

terrible. Quelle nuit! Ma maîtresse venait de partir. J'avais dîné seul dans mon étroite salle et j'entrai doucement dans la chambre où le petit dormait.

Je m'assis dans un fauteuil devant le feu. Le vent soufflait, faisait craquer les vitres, un vent sec de gelée, et je voyais, à travers la fenêtre, briller les étoiles de cette lumière aiguë qu'elles ont par les nuits glacées.

Alors l'obsession qui me hantait depuis un mois pénétra de nouveau dans ma tête. Dès que je demeurais immobile, elle descendait sur moi, entrait en moi et me rongeait. Elle me rongeait comme rongent les idées fixes, comme les cancers doivent ronger les chairs. Elle était là, dans ma tête, dans mon cœur, dans mon corps entier, me semblait-il; et elle me dévorait, ainsi qu'aurait fait une bête. Je voulais la chasser, la repousser, ouvrir ma pensée à d'autres choses, à des espérances nouvelles, comme on ouvre une fenêtre au vent frais du matin pour chasser l'air vicié de la nuit; mais je ne pouvais, même une seconde, la faire sortir de mon cerveau. Je ne sais comment exprimer cette torture. Elle me grignottait l'âme ; et je sentais avec une douleur affreuse, une vraie douleur physique et morale, chacun de ses coups de dents.

Mon existence était finie ! Comment sortirais-je de cette situation ? Comment reculer, et comment avouer ?

Et j'aimais celle qui devait devenir votre mère d'une passion folle, que l'insurmontable obstacle exaspérait encore.

Une colère terrible grandissait, qui me serrait la gorge, une colère qui touchait à la folie... à la folie ! Certes, j'étais fou, ce soir-là !

L'enfant dormait. Je me levai et je le regardai dormir. C'était lui, cet avorton, cette larve, ce rien qui me condamnait à un malheur sans appel.

Il dormait, la bouche ouverte, enseveli sous les couvertures, dans un berceau, près de mon lit, où je ne pourrais pas dormir, moi !

Comment ai-je accompli ce que j'ai fait ? Le sais-je ? Quelle force m'a poussé, quelle puissance malfaisante m'a possédé ? Oh ! la tentation du crime m'est venue sans que je l'aie sentie s'annoncer. Je me rappelle seulement que mon cœur battait affreusement. Il battait si fort que je l'entendais comme on entend des coups de marteau derrière des cloisons. Je ne me rappelle que cela ! mon cœur battait ! Dans ma tête c'était une étrange confusion, un tumulte, une déroute de toute raison, de tout sang-froid. J'étais dans une de ces heures d'effarement et d'hallucination où l'homme n'a plus la conscience de ses actes ni la direction de sa volonté.

Je soulevai doucement les couvertures qui cachaient le corps de mon enfant; je les rejetai sur les pieds du berceau, et je le vis, tout nu. Il ne se réveilla pas. Alors je m'en allai vers la fenêtre, tout doucement, tout doucement ; et je l'ouvris.

Un souffle d'air glacé entra ainsi qu'un assassin, si froid que je reculai devant lui ; et les deux bougies palpitèrent. Et je restai debout près de la fenêtre, n'osant pas me retourner comme pour ne pas voir ce qui se passait derrière moi, et sentant sans cesse glisser sur mon front, sur mes joues, sur mes mains, l'air mortel qui entrait toujours. Cela dura longtemps.

Je ne pensais pas, je ne réfléchissais à rien. Tout à coup une petite toux me fit passer un épouvantable frisson des pieds à la tête, un frisson que j'ai encore en ce moment, dans la racine des cheveux. Et d'un mouvement affolé je fermai brusquement les deux battants de la fenêtre, puis, m'étant retourné, je courus au berceau.

Il dormait toujours, la bouche ouverte, tout nu. Je touchai ses jambes; elles étaient glacées, et je les recouvris.

Mon cœur soudain s'attendrit, se brisa, s'emplit de pitié, de tendresse, d'amour pour ce pauvre être innocent que j'avais voulu tuer. Je le baisai longtemps sur ses cheveux fins : puis je revins m'asseoir devant le feu.

Je songeai avec stupeur, avec horreur à ce que j'avais fait, me demandant d'où viennent ces tempêtes de l'âme où l'homme perd toute notion des choses, toute autorité sur lui-même, et agit dans une sorte d'ivresse affolée, sans savoir ce qu'il fait, sans savoir où il va, comme un bateau dans un ouragan.

L'enfant toussa encore une fois, et je me sentis déchiré jusqu'au cœur. S'il allait mourir!

mon Dieu! mon Dieu! que deviendrais-je, moi?

Je me levai pour aller le regarder; et, une bougie à la main, je me penchai sur lui. Le voyant respirer avec tranquillité, je me rassurais, quand il toussa pour la troisième fois; et je ressentis une telle secousse, je fis un tel mouvement en arrière, comme lorsqu'on est bouleversé par la vue d'une chose affreuse, que je laissai tomber ma bougie.

En me redressant après l'avoir ramassée, je m'aperçus que j'avais les tempes mouillées de sueur, de cette sueur chaude et gelée en même temps que produisent les angoisses de l'âme, comme si quelque chose de l'affreuse souffrance morale de cette torture innomable qui est bien, en effet, brûlante comme le feu et froide comme la glace, transpirait à travers les os et la peau du crâne.

Et je restai jusqu'au jour penché sur mon fils, me calmant lorsqu'il demeurait longtemps tranquille, et traversé par des douleurs abominables lorsqu'une faible toux sortait de sa bouche.

Il s'éveilla avec les yeux rouges, la gorge embarrassée, l'air souffrant.

Quand ma femme de ménage entra, j'envoyai bien vite chercher un médecin. Il vint au bout d'une heure, et prononça, après avoir examiné l'enfant :

— N'a-t-il pas eu froid?

Je me mis à trembler comme tremblent les gens très vieux, et je balbutiai :

— Mais non, je ne crois pas.

Puis je demandai :

— Qu'est-ce que c'est? Est-ce grave?

Il répondit :

— Je n'en sais rien encore. Je reviendrai ce soir.

Il revint le soir. Mon fils avait passé presque toute la journée dans un assoupissement invincible, toussant de temps à autre.

Une fluxion de poitrine se déclara dans la nuit.

Et cela dura dix jours. Je ne puis exprimer ce que j'ai souffert durant ces interminables heures qui séparent le matin du soir et le soir du matin.

Il mourut. . . . .

Et depuis... depuis ce moment, je n'ai point passé une heure, non, pas une heure, sans que le souvenir atroce, cuisant, ce souvenir qui ronge, qui semble tordre l'esprit en le déchirant, ne remuât en moi comme une bête mordante enfermée au fond de mon âme.

Oh! si j'avais pu devenir fou!...

. . . .

M. Poirel de la Voulte releva ses lunettes d'un mouvement qui lui était familier quand il avait achevé la lecture d'un contrat; et les trois héritiers du mort se regardèrent, sans dire un mot, pâles, immobiles.

Au bout d'une minute, le notaire reprit :

— Il faut détruire cela.

Les deux autres baissèrent la tête en signe d'assentiment. Il alluma une bougie, sépara soigneusement les pages qui contenaient la dangereuse confession des pages qui contenaient les dispositions d'argent, puis il les présenta sur la flamme et les jeta dans la cheminée.

Et ils regardèrent les feuilles blanches se consumer. Elles ne formèrent bientôt plus qu'une sorte de petits tas noirs. Et comme on apercevait encore quelques lettres qui se dessinaient en blanc, la fille, du bout de son pied, écrasa à petits coups la légère croûte de papier flambé, la mêlant aux cendres anciennes.

Puis, ils restèrent encore tous les trois quelque temps à regarder cela, comme s'ils eussent craint que le secret brûlé ne s'envolât de la cheminée.

LA MÈRE AUX MONSTRES

LA MÈRE AUX MONSTRES

Je me suis rappelé cette horrible histoire et cette horrible femme en voyant passer l'autre jour, sur une plage aimée des riches, une Parisienne connue, jeune, élégante, charmante, adorée et respectée de tous.

Mon histoire date de loin déjà, mais on n'oublie point ces choses.

J'avais été invité par un ami à demeurer quelque temps chez lui dans une petite ville de province. Pour me faire les honneurs du pays, il me promena de tous les côtés, me fit voir les paysages vantés, les châteaux, les industries, les ruines; il me montra les monuments, les églises. les vieilles portes sculptées, des arbres de taille énorme ou de forme étrange, le chêne de saint André et l'if de Roqueboise.

Quand j'eus examiné avec des exclamations d'enthousiasme bienveillant toutes les curiosités de la contrée, mon ami me déclara avec un visage navré qu'il n'y avait plus rien à visiter. Je respirai. J'allais donc pouvoir me reposer un peu, à l'ombre des arbres. Mais tout à coup il poussa un cri :

— Ah, si! nous avons la mère *aux monstres*, il faut que je te la fasse connaître.

Je demandai :

— Qui ça? la mère aux monstres?

Il reprit :

— C'est une femme abominable, un vrai démon, un être qui met au jour chaque année, volontairement, des enfants difformes, hideux, effrayants, des monstres enfin, et qui les vend aux montreurs de phénomènes.

Ces affreux industriels viennent s'informer de temps en temps si elle a produit quelque avorton nouveau, et, quand le sujet leur plaît, ils l'enlèvent en payant une rente à la mère.

Elle a onze rejetons de cette nature. Elle est riche.

Tu crois que je plaisante, que j'invente, que j'exagère. Non, mon ami. Je ne te raconte que la vérité, l'exacte vérité.

Allons voir cette femme. Je te dirai ensuite comment elle est devenue une fabrique de monstres.

Il m'emmena dans la banlieue.

Elle habitait une jolie petite maison sur le bord de la route. C'était gentil et bien entretenu. Le jardin plein de fleurs sentait bon. On eût dit la demeure d'un notaire retiré des affaires.

Une bonne nous fit entrer dans une sorte de petit salon campagnard, et la misérable parut.

Elle avait quarante ans environ. C'était une

grande personne aux traits durs, mais bien faite, vigoureuse et saine, le vrai type de la paysanne robuste, demi-brute et demi-femme.

Elle savait la réprobation qui la frappait et ne semblait recevoir les gens qu'avec une humilité haineuse.

Elle demanda :

— Qu'est-ce que désirent ces messieurs?

Mon ami reprit :

— On m'a dit que votre dernier enfant était fait comme tout le monde, qu'il ne ressemblait nullement à ses frères. J'ai voulu m'en assurer. Est-ce vrai? »

Elle jeta sur nous un regard sournois et furieux et répondit :

— Oh non! Oh non! mon pauv'e monsieur. Il est p'tétre encore pu laid que l'saute. J'ai pas de chance, pas de chance. Tous comme ça. mon brave monsieur, tous comme ça, c'est une désolation, ça s'peut-i que l'bon Dieu soit dur ainsi à une pauv'e femme toute seule au monde, ça s'peut-i?

Elle parlait vite, les yeux baissés, d'un air hypocrite, pareille à une bête féroce qui a peur.

Elle adoucissait le ton âpre de sa voix, et on s'étonnait que ces paroles larmoyantes et filées en fausset sortissent de ce grand corps osseux, trop fort, aux angles grossiers, qui semblait fait pour les gestes véhéments et pour hurler à la façon des loups.

Mon ami demanda :

— Nous voudrions voir votre petit.

Elle me parut rougir. Peut-être me suis-je trompé? Après quelques instants de silence, elle prononça d'une voix plus haute :

— A quoi qu'ça vous servirait?

Et elle avait relevé la tête, nous dévisageant par coups d'œil brusques avec du feu dans le regard.

Mon compagnon reprit :

— Pourquoi ne voulez-vous pas nous le faire voir? Il y a bien des gens à qui vous le montrez. Vous savez de qui je parle!

Elle eut un sursaut, et lâchant sa voix, lâchant sa colère, elle cria :

— C'est pour ça qu'vous êtes venus, dites? Pour m'insulter, quoi? Parce que mes enfants sont comme des bêtes, dites? Vous ne le verrez pas, non, non, vous ne le verrez pas; allez-vous-en, allez-vous-en. J' sais t'i c'que vous avez tous à m'agoniser comme ça?

Elle marchait vers nous, les mains sur les hanches. Au son brutal de sa voix, une sorte de gémissement ou plutôt un miaulement, un cri lamentable d'idiot partit de la pièce voisine. J'en frissonnai jusqu'aux moelles. Nous reculions devant elle.

Mon ami prononça d'un ton sévère :

— Prenez garde, la Diable (on l'appelait la Diable dans le peuple), prenez garde, un jour ou l'autre ça vous portera malheur.

Elle se mit à trembler de fureur, agitant ses poings, bouleversée, hurlant :

— Allez-vous-en! Quoi donc qui me portera malheur? Allez-vous-en! tas de mécréants!

Elle allait nous sauter au visage. Nous nous sommes enfuis, le cœur crispé.

Quand nous fûmes devant la porte, mon ami me demanda :

— Eh bien! Tu l'as vue? Qu'en dis-tu?

Je répondis :

— Apprends-moi donc l'histoire de cette brute?

Et voici ce qu'il me conta en revenant à

pas lents sur la grand'route blanche, bordée de récoltes déjà mûres, qu'un vent léger, passant par souffles, faisait onduler comme une mer calme.

Cette fille était servante autrefois dans une ferme, vaillante, rangée et économe. On ne lui connaissait point d'amoureux, on ne lui soupçonnait point de faiblesse.

Elle commit une faute, comme elles font toutes, un soir de récolte, au milieu des gerbes fauchées, sous un ciel d'orage, alors que l'air immobile et pesant semble plein d'une chaleur de four, et trempe de sueur les corps bruns des gars et des filles.

Elle se sentit bientôt enceinte et fut torturée de honte et de peur. Voulant à tout prix cacher son malheur, elle se serrait le ventre violemment avec un système qu'elle avait inventé, corset de force, fait de planchettes et de cordes. Plus son flanc s'enflait sous l'effort de l'enfant grandissant, plus elle serrait l'instrument de torture, souffrant le martyre, mais courageuse à la douleur, toujours souriante et souple, sans laisser rien voir ou soupçonner.

Elle estropia dans ses entrailles le petit être étreint par l'affreuse machine; elle le comprima, le déforma, en fit un monstre. Son crâne pressé s'allongea, jaillit en pointe avec deux gros yeux en dehors tout sortis du front. Les membres opprimés contre le corps poussèrent, tortus comme le bois des vignes, s'allongèrent démesurément, terminés par des doigts pareils à des pattes d'araignée.

Le torse demeura tout petit et rond comme une noix.

Elle accoucha en plein champ par un matin de printemps.

Quand les sarcleuses, accourues à son aide, virent la bête qui lui sortait du corps, elles s'enfuirent en poussant des cris. Et le bruit se répandit dans la contrée qu'elle avait mis au monde un démon. C'est depuis ce temps qu'on l'appelle « la Diable.

Elle fut chassée de sa place. Elle vécut de charité et peut-être d'amour dans l'ombre, car elle était belle fille, et tous les hommes n'ont pas peur de l'enfer.

Elle éleva son monstre qu'elle haïssait d'ailleurs d'une haine sauvage et qu'elle eût étranglé peut-être, si le curé, prévoyant le crime, ne l'avait épouvantée par la menace de la justice.

Or, un jour, des montreurs de phénomènes qui passaient entendirent parler de l'avorton effrayant et demandèrent à le voir pour l'emmener s'il leur plaisait. Il leur plut, et ils versèrent à la mère cinq cents francs comptant. Elle, honteuse d'abord, refusait de laisser voir cette sorte d'animal; mais quand elle découvrit qu'il valait de l'argent, qu'il excitait l'envie de ces gens, elle se mit à marchander, à discuter sou par sou, les allumant par les difformités de son enfant, haussant ses prix avec une ténacité de paysan.

Pour n'être pas volée, elle fit un papier avec eux. Et ils s'engagèrent à lui compter en outre quatre cents francs par an, comme s'ils eussent pris cette bête à leur service.

Ce gain inespéré affola la mère, et le désir ne la quitta plus d'enfanter un autre phénomène, pour se faire des rentes comme une bourgeoise.

Comme elle était féconde, elle réussit à son gré, et elle devint habile, parait-il, à varier les formes de ses monstres selon les pressions qu'elle leur faisait subir pendant le temps de sa grossesse.

Elle en eut de longs et de courts, les uns pareils à des crabes, les autres semblables à des lézards. Plusieurs moururent; elle fut désolée.

La justice essaya d'intervenir, mais on ne put rien prouver. On la laissa donc en paix fabriquer ses phénomènes.

Elle en possède en ce moment onze bien vivants, qui lui rapportent, bon an mal an, cinq à six mille francs. Un seul n'est pas encore placé, celui qu'elle n'a pas voulu nous montrer. Mais elle ne le gardera pas longtemps, car elle est connue aujourd'hui de tous les bateleurs du monde, qui viennent de temps en temps voir si elle a quelque chose de nouveau.

Elle établit même des enchères entre eux quand le sujet en vaut la peine.

Mon ami se tut. Un dégoût profond me soulevait le cœur, et une colère tumultueuse, un regret de n'avoir pas étranglé cette brute quand je l'avais sous la main.

Je demandai :

— Qui donc est le père ?

Il répondit :

— On ne sait pas. Il ou ils ont une certaine pudeur. Il ou ils se cachent. Peut-être partagent-ils les bénéfices.

Je ne songeais plus à cette lointaine aventure, quand j'aperçus, l'autre jour, sur une plage à la mode, une femme élégante, charmante, coquette, aimée, entourée d'hommes qui la respectent.

J'allais sur la grève, au bras d'un ami, le médecin de la station. Dix minutes plus tard, j'aperçus une bonne qui gardait trois enfants roulés dans le sable.

Une paire de petites béquilles gisait à terre et m'émut. Je m'aperçus alors que ces trois petits êtres étaient difformes, bossus et crochus, hideux.

Le docteur me dit :

— Ce sont les produits de la charmante femme que tu viens de rencontrer.

Une pitié profonde pour elle et pour eux m'entra dans l'âme. Je m'écriai :

— Oh la pauvre mère ! Comment peut-elle encore rire !

Mon ami reprit :

— Ne la plains pas, mon cher. Ce sont les pauvres petits qu'il faut plaindre. Voilà les résultats des tailles restées fines jusqu'au dernier jour. Ces monstres-là sont fabriqués au corset. Elle sait bien qu'elle risque sa vie à ce jeu-là. Que lui importe, pourvu qu'elle soit belle, et aimée.

Et je me rappelai l'autre, la campagnarde, la Diable, qui les vendait, ses phénomènes.

LA
CONFESSION DE THÉODULE SABOT

LA

CONFESSION DE THÉODULE SABOT

Quand Sabot entrait dans le cabaret de Martinville, on riait d'avance. Ce bougre de Sabot était-il donc farce? En voilà un qui n'aimait pas les curés, par exemple! Ah! mais non! ah! mais non! Il en mangeait, le gaillard.

Sabot (Théodule), maître menuisier, représentait le parti avancé à Martinville. C'était un grand homme maigre, à l'œil gris et sournois, aux cheveux collés sur les tempes, à la bouche mince. Quand il disait : « Notre saint père le paf » d'une certaine façon, tout le monde se tordait. Il avait soin de travailler le dimanche pendant la messe. Il tuait son cochon tous les ans le lundi de la semaine sainte pour avoir du boudin jusqu'à Pâques, et quand passait le curé il disait toujours, par manière de plaisanterie : « En voilà un qui vient d'avaler son bon Dieu sur le zing. »

Le prêtre, un gros homme, très grand aussi, le redoutait à cause de sa blague, qui lui faisait des partisans. L'abbé Maritime était un homme politique, ami des moyens habiles. La lutte entre eux durait depuis dix ans, lutte secrète, acharnée, incessante. Sabot était conseiller municipal. On croyait qu'il serait maire, ce qui constituerait certainement la défaite définitive de l'Église.

Les élections allaient avoir lieu. Le camp religieux tremblait dans Martinville. Or, un matin le curé partit pour Rouen, annonçant à sa servante qu'il allait à l'archevêché.

Il revint deux jours plus tard. Il avait l'air joyeux, triomphant. Et tout le monde sut le lendemain que le chœur de l'église allait être refait à neuf. Une somme de six cents francs avait été donnée par Monseigneur sur sa cassette particulière.

Toutes les anciennes stalles de sapin devaient être détruites et remplacées par des stalles nouvelles en cœur de chêne. C'était un travail de menuiserie considérable dont on parlait, le soir même, dans toutes les maisons.

Théodule Sabot ne riait pas.

Quand il sortit le lendemain par le village, les voisins, amis ou ennemis, lui demandaient, par manière de plaisanterie :

— C'est-il té qui vas faire le chœur de l'église?

Il ne trouvait rien à répondre, mais il rageait, il rageait ferme.

Les malins ajoutaient :

— C'est un bon ouvrage ; y aura pas moins de deux cents à trois cents de profit.

Deux jours plus tard, on savait que la réparation serait confiée à Célestin Chambrelan, le menuisier de Percheville. Puis on démentit la nouvelle, puis on annonça que tous les bancs de l'église allaient aussi être refaits. Ça valait bien deux mille francs qu'on avait demandés au ministère. L'émotion fut grande.

Théodule Sabot n'en dormait plus. Jamais, de mémoire d'homme, un menuisier du pays n'avait exécuté une pareille besogne. Puis une rumeur courut. On disait tout bas que le curé se désolait de donner ce travail à un ouvrier étranger à la commune, mais que cependant les opinions de Sabot s'opposaient à ce qu'il lui fût confié.

Sabot le sut. Il se rendit au presbytère à la nuit tombante. La servante lui répondit que le curé était à l'église. Il y alla.

Deux demoiselles de la Vierge, vieilles filles suries, décoraient l'autel pour le mois de Marie, sous la direction du prêtre. Lui, debout au milieu du chœur, gonflant son ventre énorme, dirigeait le travail des deux femmes qui, montées sur des chaises, disposaient des bouquets autour du tabernacle.

Sabot se sentait gêné là-dedans, comme s'il fût entré chez son plus grand ennemi, mais le désir du gain lui picotait le cœur. Il s'approcha, la casquette à la main, sans même s'occuper des demoiselles de la Vierge qui demeuraient saisies, stupéfaites, immobiles sur leurs chaises.

Il balbutia :

— Bonjour, monsieur le curé.

Le prêtre répondit, sans le regarder, tout occupé de son autel : ·
— Bonjour, monsieur le menuisier.
Sabot, désorienté, ne trouvait plus rien. Après un silence, il dit cependant :
— Vous faites des préparatifs ?
L'abbé Maritime répondit :
— Oui, nous approchons du mois de Marie.
Sabot, encore, prononça : « Voilà, voilà », puis se tut.
Il avait envie maintenant de se retirer sans parler de rien, mais un coup d'œil jeté dans le chœur le retint. Il aperçut seize stalles à refaire, six à droite et huit à gauche, la porte de la sacristie occupant deux places. Seize stalles en chêne, cela valait au plus trois cents francs, et, en les fignolant bien, certes, on pouvait gagner deux cents francs sur le travail si on n'était pas maladroit.
Alors il bredouilla :
— Je viens pour l'ouvrage.
Le curé parut surpris. Il demanda :
— Quel ouvrage ?
Sabot, éperdu, murmura :
— L'ouvrage à faire.

Alors le prêtre se tourna vers lui, et le regarda dans les yeux :

— Est-ce que vous voulez parler des réparations du chœur de mon église?

Au ton que prit l'abbé Maritime, Théodule Sabot sentit un frisson lui courir dans le dos, et il eut encore une furieuse envie de détaler. Il répondit cependant avec humilité :

— Mais oui, monsieur le curé.

Alors l'abbé croisa ses bras sur sa large bedaine, et comme perclus de stupéfaction.

— C'est vous... vous... vous, Sabot... qui venez me demandez cela... Vous... le seul impie de ma paroisse... Mais ce serait un scandale, un scandale public. Monseigneur me réprimanderait, me changerait peut-être.

Il respira quelques secondes, puis reprit d'un ton plus calme :

— Je comprends qu'il vous soit pénible de voir un travail de cette importance confié à un menuisier d'une paroisse voisine. Mais je ne peux faire autrement, à moins que... mais non... c'est impossible... Vous n'y consentiriez point, et, sans ça, jamais.

Sabot regardait maintenant la file des bancs alignés jusqu'à la porte de sortie. Cristi, si on changeait tout ça?

Et il demanda :

— Qu'est-ce qu'il vous faudrait? Dites toujours.

Le prêtre, d'un ton ferme, répondit :

— Il me faudrait un gage éclatant de votre bon vouloir.

Sabot murmura :

— Je ne dis pas. Je ne dis pas, p'têtre qu'on s'entendrait.

Le curé déclara :

— Il faut communier publiquement à la grand'messe de dimanche prochain.

Le menuisier se sentit pâlir, et, sans répondre, il demanda :

— Et les bancs, est-ce qu'on va les refaire itou?

L'abbé répondit avec assurance :

— Oui, mais plus tard.

Sabot reprit :

— Je n'dis pas, je n'dis pas. Je n'sieus point rédhibitoire, mé, je sieus consentant à la religion, pour sûr; c'qui m'chifonne c'est la pratique, mais, dans ce cas-là. je ne me montrerai pas réfractaire.

Les demoiselles de la Vierge, descendues de leurs chaises, s'étaient cachées derrière l'autel; et elles écoutaient, pâles d'émotion.

Le curé, se voyant victorieux, devint tout à coup bon enfant, familier :

— A la bonne heure, à la bonne heure. Voilà une parole sage, et pas bête, entendez-vous. Vous verrez, vous verrez.

Sabot souriait d'un air gêné, il demanda :

— Y aurait-il pas moyen d'la r'mettre un brin, c'te communion.

Mais le prêtre reprit son visage sévère :

— Du moment que les travaux vous seront confiés, je veux être certain de votre conversion.

Puis il continua plus doucement :

— Vous viendrez vous confesser demain; car il faudra que je vous examine au moins deux fois.

Sabot répéta :

— Deux fois ?...
— Oui.

Le prêtre souriait :

— Vous comprenez bien qu'il vous faudra un nettoyage général, un lessivage complet. Donc, je vous attends demain.

Le menuisier, très ému, demanda :

— Ousque vous faites ça ?

— Mais... dans le confessionnal.

— Dans... c'te boîte, là-bas, au coin ?

— C'est que... c'est que... ça ne me va guère, votre boîte.

— Pourquoi ça ?

— Vu que... vu que je ne suis point accoutumé de ça. Et vu aussi que j'ai l'oreille un peu dure.

Le curé se montra complaisant :

— Eh bien ! vous viendrez chez moi, dans ma salle. Nous ferons ça tous les deux, en tête-à-tête. Ça vous va-t-il?

— Oui, pour ça, ça me va, mais votre boîte, non.

— Eh bien à demain, après la journée faite, à six heures.

— C'est entendu, c'est tout vu, c'est convenu ; à demain, monsieur le curé. Couillon qui s'en dédit !

Et il tendit sa grande main rude où le prêtre laissa tomber bruyamment la sienne.

Le bruit de la claque courut sous les voûtes, alla mourir là-bas, derrière les tuyaux de l'orgue.

Théodule Sabot ne fut pas tranquille pendant toute la journée du lendemain. Il éprouvait quelque chose d'analogue à l'appréhension qu'on a quand on doit se faire arracher une dent. A tout moment cette pensée lui revenait : « Il faudra me confesser ce soir. » Et son âme troublée, une âme d'athée mal convaincu, s'affolait devant la peur confuse et puissante du mystère divin.

Il se dirigea vers le presbytère dès qu'il eut fini son travail. Le curé l'attendait dans le jardin en lisant son bréviaire le long d'une petite allée. Il semblait radieux et l'aborda avec un gros rire :

— Eh bien ! nous y voilà. Entrez, entrez, monsieur Sabot, on ne vous mangera pas.

Et Sabot passa le premier. Il balbutia :

— Si ça ne vous faisait rien je s'rais d'avis d'terminer incontinent not' p'tite affaire.

Le curé répondit :

— A votre service. J'ai là mon surplis. Une minute et je vous écoute.

Le menuisier, ému à ne plus avoir deux idées, le regardait se couvrir du blanc vêtement à plis pressés. Le prêtre lui fit un signe :

— Mettez-vous à genoux sur ce coussin.

Sabot restait debout, honteux d'avoir à s'agenouiller. Il bredouilla :

— C'est-il bien utile ?

Mais l'abbé était devenu majestueux :

— On ne peut approcher qu'à genoux du tribunal de la pénitence.

Et Sabot s'agenouilla.

Le prêtre dit :

— Récitez le *Confiteor*.

Sabot demanda :

— Quoi ça ?

— Le *Confiteor*. Si vous ne le savez plus,

répétez une à une les paroles que je vais prononcer.

Et le curé articula la prière sacrée, d'une voix lente, en scandant les mots que le menuisier répétait; puis il dit :

— Maintenant confessez-vous.

Mais Sabot ne disait plus rien, ne sachant par où commencer.

Alors l'abbé Maritime vint à son aide.

— Mon enfant, je vais vous interroger puisque vous paraissez peu au courant. Nous allons prendre, un à un, les commandements de Dieu. Ecoutez-moi et ne vous troublez pas. Parlez bien franchement et ne craignez jamais d'en dire trop.

Un seul Dieu tu adoreras
Et aimeras parfaitement.

— Avez-vous aimé quelqu'un ou quelque chose autant que Dieu? L'avez-vous aimé de toute votre âme, de tout votre cœur, de toute l'énergie de votre amour?

Sabot suait de l'effort de sa pensée. Il répondit :

— Non. Oh non, m'sieu l' curé. J'aime

l' bon Dieu autant que j' peux. Ça — oui — j' l'aime bien. Dire que j'aime point m's'éfants, non : j' peux pas. Dire que s'il fallait choisir entre eux et l' bon Dieu, pour ça je n'dis pas. Dire que s'il fallait perdre cent francs pour l'amour du bon Dieu, pour ça je n' dis pas. Mais j' l'aime bien, pour sûr, j' l'aime bien tout de même.

Le prêtre, grave, prononça :

— Il faut l'aimer plus que tout.

Et Sabot, plein de bonne volonté, déclara :

— J' frai mon possible, m'sieu l' curé.

L'abbé Maritime reprit :

> Dieu en vain ne jureras
> Ni autre chose pareillement.

— Avez-vous quelquefois prononcé quelque juron ?

— Non. Oh ! ça non ! — Je ne jure jamais, jamais. Quéquefois, dans un moment de colère, je dis bien sacré nom de Dieu ! Pour ça, je ne jure point.

Le prêtre s'écria :

— C'est jurer, cela !

Et gravement :

— Ne le faites plus. Je continue :

> Les dimanches tu garderas
> En servant Dieu dévotement.

— Que faites-vous le dimanche ?

Cette fois, Sabot se grattait l'oreille :

— Mais, je sers l' bon Dieu de mon mieux, m'sieu le curé. Je l' sers... chez moi. Je travaille le dimanche...

Le curé, magnanime, l'interrompit :

— Je sais, vous serez plus convenable à l'avenir. Je passe les trois commandements suivants, sûr que vous n'avez point failli contre les deux premiers. Nous verrons le sixième avec le neuvième. Je reprends :

> Le bien d'autrui tu ne prendras
> Ni retiendras à ton escient.

— Avez-vous détourné, par quelque moyen, le bien d'autrui ?

Mais Théodule Sabot s'indigna :

— Ah ! mais non. Ah ! mais non. Je sieus un honnête homme, m'sieu le curé. Ça, je le jure, pour sûr. Dire que j'ai point, quéquefois, compté quéque heure de plus de travail aux pratiques qu'ont des moyens, pour ça, je ne dis pas. Dire que je n'mets point quéque centimes de plus sur les notes, seulement quéque centimes, pour ça je ne dis pas. Mais pour volé, non ; ah ! mais ça, non.

Le curé reprit sévèrement :

— Détourner un seul centime constitue un vol. Ne le faites plus.

> Faux témoignage ne diras
> Ni mentiras aucunement.

— Avez-vous menti ?

— Non, pour ça non. Je ne sieus point menteux. C'est ma qualité. Dire que j'ai point conté quéque blague, pour ça, je ne dis pas. Dire que j'ai point fait accroire ce qui n'était point, quand c'était d'mon intérêt, pour ça, je ne dis pas. Mais pour menteux, je ne sieus point menteux.

Le prêtre dit simplement :

— Observez-vous davantage.

Puis il prononça :

> L'œuvre de chair ne désireras
> Qu'en mariage seulement

— Avez-vous désiré ou possédé quelque autre femme que la vôtre ?

Sabot s'écria avec sincérité :

— Pour ça non ; oh ! pour ça non, m'sieu le curé. Ma pauvre femme, la tromper ! Non ! Non ! Pas seulement du bout du doigt ; pas plus t'en pensée qu'en action. Bien vrai.

Il se tut quelques secondes, puis, plus bas, comme si un doute lui fût venu :

— Quand j'vas t'à la ville, dire que je n'vas jamais dans une maison, vous savez bien dans une maison de tolérance, histoire de rire et d'badiner un brin et d'changer d'peau pour voir, pour ça je n'dis pas... Mais j'paye, monsieur le curé, j'paye toujours, du moment qu'on paye, ni vu ni connu je t'embrouille.

Le curé n'insista pas et donna l'absolution.

Théodule Sabot exécute les travaux du chœur et communie tous les mois.

TABLE DES MATIÈRES

TABLE DES MATIÈRES

Toine	1
L'ami Patience	23
La Dot	39
Rencontre	55
Le Lit 29	75
Le Protecteur	101
Bombard	115
La Chevelure	131
Le Père Mongilet	149
L'Armoire	165
La Chambre 11	181
Les Prisonniers	199
Nos Anglais	227
Le Moyen de Roger	245
La Confession	257
La Mère aux monstres	275
La Confession de Théodule Sabot	291

A LA M... LIBRAIRIE
BIBLIOTHÈQUE ILLUSTRÉE
COLLECTION DE BEAUX VOLUMES IN-18 AVEC EAUX-FORTES ET ILLUSTRATIONS DANS LE TEXTE

ANGE BÉNIGNE

FEMMES ET AMOUREUSES
Ill. par KAUFFMANN. — 1 vol. in-18. 5 fr.

LES AUDACIEUSES
Ill. par BEAUDUIN. 1 v. in-18. 5 fr.

AUBERT (CH.)

LES NOUVELLES AMOUREUSES
Ill. par Jul. HANRIOT. 1 v. in-18. 5 fr.

AUDOUARD (Mme OLYMPE)

POUR RIRE A DEUX
Ill. par COLL TOC, CLÉNICE, etc. 1 v. in-18 5 fr.

SILHOUETTES PARISIENNES
1 vol. ill. de 31 port. et d'une eau-forte du port. de l'auteur. 5 fr.

CAROLUS BRIO

PAR-DESSUS LES MOULINS
Eau-forte de COURBOIX, ill. de MARS HENRIOT, MOREL, etc. 1 vol. in-18. 5 fr.

CHAVETTE (E.)

LES PETITES COMÉDIES DU VICE
Grav. et eaux-fortes par BENASSIT. 1 v. in-18 (15e mille). 5 fr.

LES PETITS DRAMES DE LA VERTU
2e série des PETITES COMÉDIES DU VICE, eau-forte et des. par KAUFFMANN. 1 v. in-18 (8e mille). 5 fr.

LES BÊTISES VRAIES
Pour terminer les PETITES COMÉDIES DU VICE, Eau-forte et dess. de KAUFFMANN 1 vol. in-18 (7e mille). 5 fr.

DELVAU (ALFRED)

LES COCOTTES DE MON GRAND-PÈRE
LE FUMIER D'ENNIUS
Ill. par MARAIS. 1 vol. in-18. 5 fr.

D'HERVILLY

TIMBALE D'HISTOIRES
A LA PARISIENNE
Eau-forte et des. de RÉGAMEY. 1 v. in-18. 5 fr.

GINISTY

PARIS A LA LOUPE
Ill. et eau-forte de HENRIOT. 1 v. in-18. 5 fr.

LEROY (CHARLES)

LE COLONEL RAMOLLOT
Avec une préface de E. CARJAT, Nomb. ill. (33e mille). 1 vol. in-18. 5 fr.

NOUVEAUX EXPLOITS DU COLONEL RAMOLLOT
2e série des RAMOLLOT. Ill. et eau-forte 1 vol. in-18. 5 fr.

MAIZEROY (RENÉ)

CELLES QUI OSENT!
Ill. et eau-forte par KAUFFMANN. 1 v. in-18. 5 f.

LA JOIE D'AIMER
Ill. par BESNIER. 1 v. in-18. 5 fr.

MENDÈS (CATULLE)

MONSTRES PARISIENS
Ill. par BESNIER. 1 vol. 5 fr.

MOINAUX (JULES)

LES TRIBUNAUX COMIQUES
Préface de J. NORIAC, illust. par STOP. 3 v. in-18. 5 fr.
(Chaque série se vend séparément).

POTHEY (A.)

LA MUETTE
Ill. et eau-forte par KAUFFMANN. 1 v. in-18. 5 f.

SILVESTRE (ARMAND)

EN PLEINE FANTAISIE
Ill. par BEAUDUIN. 1 vol. in-18. 5 fr.

POUR FAIRE RIRE
Gauloiseries contemporaines. Illust. et eau-forte de KAUFFMANN. 1 v. in-18. 5 fr.

CONTES GRASSOUILLETS
3 eaux-fortes de KAUFFMANN. 1 v. in-18. 5 fr.

HISTOIRES BELLES ET HONNESTES
Ill. et eau-forte de KAUFFMANN. 1 v. in-18. 5 fr.

THILDA (JEANNE)

PÉCHÉS CAPITEUX
Ill. par BESNIER. 1 vol. in-18. 5 fr

VAST-RICOUARD

POUR CES DAMES
Ill. par KAUFFMANN avec front. à l'eau-forte 1 vol. in-18 (5e mille). 5 fr.

www.ingramcontent.com/pod-product-compliance
Lightning Source LLC
Chambersburg PA
CBHW030751230426
43667CB00007B/924